Matthias Albrecht

Building Information Modeling (BIM) in der Planung von Bauleistungen

disserta Verlag

Albrecht, Matthias: Building Information Modeling (BIM) in der Planung von Bauleistungen, Hamburg, disserta Verlag, 2014

Buch-ISBN: 978-3-95425-344-9
PDF-eBook-ISBN: 978-3-95425-345-6
Druck/Herstellung: disserta Verlag, Hamburg, 2014
Covermotiv: © carlosgardel – Fotolia.com

Bibliografische Information der Deutschen Nationalbibliothek:
Die Deutsche Nationalbibliothek verzeichnet diese Publikation in der Deutschen Nationalbibliografie; detaillierte bibliografische Daten sind im Internet über http://dnb.d-nb.de abrufbar.

Das Werk einschließlich aller seiner Teile ist urheberrechtlich geschützt. Jede Verwertung außerhalb der Grenzen des Urheberrechtsgesetzes ist ohne Zustimmung des Verlages unzulässig und strafbar. Dies gilt insbesondere für Vervielfältigungen, Übersetzungen, Mikroverfilmungen und die Einspeicherung und Bearbeitung in elektronischen Systemen.

Die Wiedergabe von Gebrauchsnamen, Handelsnamen, Warenbezeichnungen usw. in diesem Werk berechtigt auch ohne besondere Kennzeichnung nicht zu der Annahme, dass solche Namen im Sinne der Warenzeichen- und Markenschutz-Gesetzgebung als frei zu betrachten wären und daher von jedermann benutzt werden dürften.

Die Informationen in diesem Werk wurden mit Sorgfalt erarbeitet. Dennoch können Fehler nicht vollständig ausgeschlossen werden und die Diplomica Verlag GmbH, die Autoren oder Übersetzer übernehmen keine juristische Verantwortung oder irgendeine Haftung für evtl. verbliebene fehlerhafte Angaben und deren Folgen.

Alle Rechte vorbehalten

© disserta Verlag, Imprint der Diplomica Verlag GmbH
Hermannstal 119k, 22119 Hamburg
http://www.disserta-verlag.de, Hamburg 2014
Printed in Germany

Inhaltsverzeichnis

Abkürzungsverzeichnis 9
Abbildungsverzeichnis 11
Tabellenverzeichnis 12
1. Einleitung 13
1.1   Problemstellung 13
1.2   Ziele und Abgrenzung 14
1.3   Aufbau des Buches 15
2. Grundlagen 17
2.1   Begriffsdefinitionen 17
2.2   Building Information Modeling (BIM) 20
2.2.1   Beschreibung von BIM 20
2.2.2   Arten des BIM 21
2.2.3   Ziele des BIM 23
2.2.4   Herkunft und Initiativen des BIM 23
2.2.5   Software 25
2.2.6   Vorteile des BIM 26
2.3   Planungsprozess gemäß HOAI 27
2.3.1   Übersicht der Leistungsphasen nach HOAI 27
2.3.2   Leistungsphasen 1-7 nach HOAI 28
3. Anwendung von BIM in den Leistungsphasen 1-7 nach HOAI 30
3.1   Etablierte Planungsverfahren der Praxis 30
3.1.1   Probleme der derzeitigen Praxis 30
3.1.2   Einfluss der Projektbeteiligten in die Leistungsphasen 1-7 31
3.2   Schwierigkeiten der Einführung von BIM in die Praxis 32
3.2.1   Grundlegende Schwierigkeiten 32
3.2.2   Zusammenstellung der Hindernisse 33
3.3   Chancen durch BIM 35
3.3.1   Potentiale der Planung mit BIM 35
3.3.2   Zusätzlicher Nutzen von 3D-Modellen in der Praxis 37
3.4   Vergleich von 2D zu BIM (5D) 40
3.5   Einbindung vom BIM in die HOAI 45
3.5.1   Neuerungen der HOAI 2013 gegenüber der HOAI 2009 und die Vereinfachung der Leistungserbringung durch BIM 45
3.5.2   Nutzen von BIM in den Leistungsphasen der HOAI 55
3.5.3   Integration von BIM in die HOAI-Leistungsphasen 56

4. Verbesserung der Datendurchgängigkeit im Planungsprozess durch BIM ... 59
4.1 Integrierung eines BIM-Modells in die Projektphasen ... 59
4.1.1 Einführung des BIM in die Geschäftsprozesse ... 59
4.1.2 Stufen der Planung mit BIM ... 61
4.1.3 Organisation der Planung mit BIM ... 63
4.1.4 Anforderungen an das Modell ... 67
4.2 Einfluss des BIM auf die Hauptzielgrößen im Bauwesen ... 69
4.2.1 Kosten ... 69
4.2.2 Termine ... 70
4.2.3 Qualität ... 71
4.3 Auswirkungen des Einsatz von BIM auf den Planungsprozess ... 72
4.3.1 Vermittlung des Mehrwerts der Projektbeteiligten ... 72
4.3.2 Verschiebung des Arbeitsaufwandes ... 74
4.3.3 Veränderung der Leistungsbeschreibung ... 75
4.3.4 Anpassung der vertraglichen Voraussetzungen ... 76
4.3.5 Bemessung des Planungshonorares ... 82
4.4 Integration von Ausführenden in die Planung ... 83
4.5 Simulation von Bauprozessen mit BIM ... 85

5. Datenmanagement im Bauwesen ... 88
5.1 Probleme beim Datenaustausch in der Praxis ... 88
5.2 Optimierungspotentiale der Datenverarbeitung im Bauwesen mit IFC ... 89
5.3 Datenmanagement im Bauwesen ... 91
5.3.1 Zentrale Datenverwaltung ... 91
5.3.2 Hindernisse des unternehmensübergreifenden Datenmanagements ... 92
5.3.3 Zentrale Datenmanagement-Systeme ... 93
5.3.4 Datenmanagement in der Planung ... 96

6. Ergebnisse und Ausblick ... 98
6.1 Ergebnisse ... 98
6.2 Ausblick ... 101

7. Zusammenfassung ... 102

Literaturverzeichnis ... 103
Konsultationsverzeichnis ... 110
Thesen ... 111
Kurzfassung ... 112
Anlagenverzeichnis ... 113
Anlagen ... 114

Abkürzungsverzeichnis

2D	-	zweidimensional
3D	-	dreidimensional
4D	-	Vierdimensional
5D	-	Fünfdimensional
ARGE	-	Arbeitsgemeinschaft
AVA	-	Ausschreibung, Vergabe und Abrechnung
BIM	-	Building Information Modeling
bzw.	-	beziehungsweise
ca.	-	circa
CAD	-	computer-aided design
CAM	-	computer-aided manufacturing
DMS	-	Dokumentenmanagementsystem
EP	-	Einzelpreis
et al.	-	und andere
ff.	-	Fortfolgende
FG	-	Fertigstellungsgrade
GU	-	Generalunternehmer
GÜ	-	Generalübernehmer
HOAI	-	Verordnung über die Honorare für Architekten- und Ingenieurleistungen
i. A.	-	im Allgemeinen
IFC	-	Industry Foundation Classes
IFOA	-	Integrated Form of Agreement
LPH	-	Leistungsphase
LV	-	Leistungsverzeichnis
PDF	-	Portable Document Format
PDM	-	Produktdatenmanagement
RFID	-	Radio Frequenz Identifikation
STLB	-	Standardleistungsbuch Bau
TGA	-	Technische Gebäudeausrüstung
TU	-	Totalunternehmer
TÜ	-	Totalübernehmer

u.a.	-	unter anderem
usw.	-	und so weiter
vgl.	-	vergleiche
VOB	-	Vergabe- und Vertragsordnung für Bauleistungen
VOF	-	Vergabeordnung für freiberufliche Leistungen
VOL	-	Vergabe- und Vertragsordnung für Lieferleistungen
VSM	-	Value Stream Mapping
z.B.	-	zum Beispiel
ECM	-	Enterprice Content Management
STEP	-	Standard for the exchange of product model data

Abbildungsverzeichnis

Abbildung 1 - Unterschied zwischen klassischer und BIM-Projektabwicklung 21

Abbildung 2 - Arten des BIM 22

Abbildung 3 - Übersicht der Leistungsphasen nach HOAI 2009 27

Abbildung 4 - Einfluss der Projektbeteiligten auf die Projektphasen 31

Abbildung 5 - Traditionelle und durchgängige Projektabwicklung 44

Abbildung 6 - Beeinflussung der Leistungen nach HOAI durch BIM 55

Abbildung 7 - Prozesse in der BIM-Planung 58

Abbildung 8 - Struktur eines BIM Handbuches 60

Abbildung 9 - Planungsprozess mit BIM unter Einbindung der Ausführenden 62

Abbildung 10 - BIM-Manager 65

Abbildung 11 - Verschiebung des Planungsaufwandes durch BIM 75

Abbildung 12 - Planungs-ARGE 80

Abbildung 13 - Generalplaner mit Subplaner 81

Abbildung 14 - TU-TÜ - Planer 82

Abbildung 15 - TU-TÜ - Planungs-ARGE 82

Abbildung 16 - Simulation des Bauprozesses 86

Abbildung 17 - Hierarchische Struktur des IFC-Formats 90

Abbildung 18 - Zentrale Datenverwaltung 91

Abbildung 19 - Inhalte des Building Information Modeling 100

Tabellenverzeichnis

Tabelle 1 - Übersicht der BIM Software 25

Tabelle 2 - Unterschiede zwischen 2D- und 5D-BIM-Planung 43

Tabelle 3 - Vereinfachung der Leistungserbringung durch BIM LPH 1 46

Tabelle 4 - Vereinfachung der Leistungserbringung durch BIM LPH 2 48

Tabelle 5 - Vereinfachung der Leistungserbringung durch BIM LPH 3 49

Tabelle 6 - Vereinfachung der Leistungserbringung durch BIM LPH 4 50

Tabelle 7 - Vereinfachung der Leistungserbringung durch BIM LPH 5 50

Tabelle 8 - Vereinfachung der Leistungserbringung durch BIM LPH 6 52

Tabelle 9 - Vereinfachung der Leistungserbringung durch BIM LPH 7 52

Tabelle 10 - BIM Chancen 54

1. Einleitung

1.1 Problemstellung

Im Zeitraum von 1995 bis 2005 erhöhte sich die Arbeitsproduktivität im Baugewerbe um nur wenige Prozentpunkte, wohingegen die industrielle Produktion eine Steigerung von fast 30 % im gleichen Zeitraum erfuhr.[1] Dieses Defizit im direkten Vergleich zur stationären Industrie gilt es auszugleichen. Annähernd alle derzeitigen Bauvorhaben in Deutschland werden nach herkömmlichen, traditionellen Planungsmethoden durchgeführt. Trotz einer "ersten digitalen Revolution"[2] stagniert die Bauwirtschaft seit Jahren auf geringem beziehungsweise keinem Wachstum. Durch die Einführung von schnelleren Kommunikationsmitteln wie E-Mail oder Mobiltelefon, oder der Planung mit Hilfe von CAD (Computer Aided Design) - Programmen konnten die Prozesse effektiver gestaltet werden, jedoch blieben folgende Probleme bei der Erstellung von Bauvorhaben bestehen:

- Kostenüberschreitungen
- Terminverzug
- Ungenügende Kommunikation zwischen den Projektbeteiligten
- Qualitätsprobleme

Zudem werden in Zukunft noch weitere Themen wie Lebenszyklusanalysen, Nachhaltigkeit und Energieeffizienz einen Einfluss auf das Bauwesen haben. Um diese Probleme und Anforderungen ganzheitlich betrachten zu können, reicht es nicht aus Baumaschinen, Baustoffe oder Techniken zu verbessern, sondern der Fokus muss auf der Verbesserung des Bauprozesses an sich liegen.[3]

Eine Methode, die eine Prozessoptimierung zur Folge hat, ist das Building Information Modeling (BIM). BIM betrachtet dabei ganzheitlich den gesamten Bauprozess und ist dabei nicht nur 3D-Planungsinstrument, sondern als integrierte Arbeitsweise während der Planung, Ausführung und des Betriebes eines Bauwerkes zu sehen. BIM-Methoden werden derzeit in Deutschland kaum angewendet, was im internationalen Vergleich als eher konservativ bezeichnet werden kann. Im Ausland durchgeführte Pilotprojekte konnten eine Bauzeitverkürzung von bis zu 50 %, eine wesentlich effektivere Arbeitsweise sowie eine große Transparenz der Baukosten aufweisen.[4] Diese Potentiale sind in Deutschland weder von öffentlicher Hand, noch von privaten Bauherren erkannt und durch Modellprojekte verifiziert worden. Die deutsche Baubranche verschränkt sich, bis auf wenige visionäre Unternehmen in Planung und Ausführung, gegen ein Umdenken in den etablierten, jedoch reaktionären Bauprozessen. Gründe hierfür können fehlende Informationen sein, dass es ein neues Prozessdenken gibt. Für eine zögerliche Einführung von BIM ist außerdem die traditionelle Denkweise der

---

[1] vgl. (Altner, 2012) Seite 315
[2] (Liebich, 2010)
[3] vgl. (Günthner, et al., 2011) Seite 1-2
[4] vgl. (McGraw-Hill, 2009)

Projektbeteiligten, monetäre Einschränkungen für die Einführung von neuartiger Software, oder der fehlende Nachdruck vom Gesetzgeber BIM-Methoden zu fördern und zu fordern, verantwortlich.

Mit einem Volumen von fast 290 Mrd. € im Jahr 2010[5] weist die Baubranche einen wesentlichen Anteil (ca. 11,5 %) des Bruttoinlandproduktes von Deutschland aus. Dabei entstand ein Verlust durch Planungsfehler in Höhe von ca. 23 Mrd. €, was die Berechnung mit einem Anteil von 8 %[6] des Gesamtvolumens ergibt. Worin liegen die Gründe für diesen enormen volkswirtschaftlichen Schaden? Die Bauindustrie stellt hauptsächlich nur Unikate her, was vergleichbar mit der Prototypenfertigung in der stationären Industrie ist. Dafür sind viele verschiedene Akteure beteiligt, die untereinander koordiniert und deren Planungsergebnisse zusammengeführt werden müssen. Der Datenaustausch spielt dabei eine wesentliche Rolle um eine effiziente Arbeitsweise zu ermöglichen und beispielsweise Doppelarbeit zu vermeiden. Die von den einzelnen Planern erstellten Dokumente bauen mehr oder weniger immer auf anderen vorher in der Planung erzeugten Plänen auf. Ändert sich in der ursprünglichen Planung etwas, müssen alle nachfolgenden Planungen darauf angepasst werden. Zudem ist die Freigabe der Planung und deren Rechtsverbindlichkeit zu beachten.[7]

Die Umsatzsituation der deutschen Planungsbüros beschreibt eine weitere Notwendigkeit des Umdenkens in den bisher angewandten Prozessen. Der Pro-Kopf-Umsatz pro Jahr lag im Jahre 2006 bei nur 49.700 €, wobei hierfür 49.500 € Personalkosten aufgewendet werden mussten. Dadurch zeigt sich, dass die finanziellen Möglichkeiten der Planer sehr begrenzt sind, wodurch eine Erhöhung der Effizienz unerlässlich ist. Die Gründe für diese unzufrieden stellenden Verhältnisse werden dabei in der traditionellen Arbeitsweise gesehen. Aber auch die unzureichende Verknüpfung von Informationen zwischen den Projektbeteiligten trägt zu diesen Missverhältnissen bei. Es fehlt dabei an einer fachübergreifenden sowie lebenszyklusorientieren Sicht- und Arbeitsweise.[8]

Das Potential zur Optimierung der Bauprozesse ist wesentlich beeinflussbar durch die am Bau beteiligten Personen und Verantwortungsträgern. Erfolgt ein Umdenken in der konventionellen Arbeitsweise durch die persönliche Offenheit der handelnden Personen, ist es möglich die herkömmlichen Prozesse der Vergangenheit in ein zukunftsfähiges Marktfeld zu etablieren.

1.2 Ziele und Abgrenzung

Dieses Fachbuch soll die am Bau Beteiligten über neue Möglichkeiten der Projektplanung mit Hilfe von Building Information Modeling informieren. Dafür wird der Planungsprozess mit BIM erläutert sowie die Vorzüge des Verfahrens dargestellt. Vor allem soll der Fokus auf die Durchgängigkeit und Weiterverwendbarkeit der eingegebenen Daten

---

[5] (KIT, 2012) Seite 5
[6] (Richter, 2009) Seite 1
[7] vgl. (Richter, 2009) Seite 1-2
[8] vgl. (KIT, 2012) Seite 6 und 33

liegen. Zudem werden Möglichkeiten zur Einbindung der modernen BIM-Planungsmethode in die Verordnung über die Honorare für Architekten- und Ingenieurleistungen (HOAI) erörtert. Probleme der derzeitigen Planung werden aufgezeigt und deren Lösung bzw. Verbesserung diskutiert. Außerdem werden eventuelle monetäre Auswirkungen aus der Perspektive des Architekten/Planers dargestellt und die vertragliche Umsetzbarkeit der BIM-Methoden untersucht.

Schlussendlich werden Empfehlungen gegeben, wie BIM eingeführt werden kann und überdies wie die Datenverwaltung gestaltet und organisiert werden kann. Dies geschieht unter Einbeziehung der speziellen Anforderungen der Baubranche im Hinblick auf die Leistungsphasen 1-7 der HOAI.

In diesem Leitfaden wird hauptsächlich auf den Bereich der Gebäudeplanung eingegangen. Gerade bei der Einbindung von BIM in die HOAI-Leistungsbilder ist diese Abgrenzung notwendig. Neben dem Leistungsbild Gebäude und raumbildenden Ausbauten ist die Erstellung von Ingenieurbauwerken und Verkehrswegen ein weiteres Potentialfeld der Planung mit BIM; gleichbedeutend mit der Tragwerksplanung sowie der technischen Ausrüstung. Die Erstellung von Flächennutzungs-, Bebauungs-, Landschafts-, Landschaftsrahmen-, Pflege- und Entwicklungsplänen, sowie die Freianlagenplanung wird als nebengeordneter Chancenbereich der BIM-Planung gesehen und wird deshalb in der vorliegenden Publikation nicht untersucht.

1.3 Aufbau des Buches

Die thematische Untersuchung ist in sieben Kapitel aufgebaut. Nach einleitenden Gedanken, welche die Problemstellung der Praxis, sowie die Ziele darstellen, werden die Grundlagen ermittelt. Hierbei wird einerseits das Building Information Modeling (BIM) beschrieben, andererseits der Planungsprozess gemäß HOAI. Beim Erstgenannten wird auf die Arten, Ziele und Vorteile des BIM eingegangen sowie Initiativen beschrieben, die das BIM im Bauwesen vorantreiben und weiterentwickeln wollen. Es wird zudem die Software, mit welcher BIM-Methoden in der Praxis umgesetzt werden können, aufgezählt. Bei der anschließenden Beschreibung des Planungsprozesses gem. HOAI bezieht sich der Autor auf die Version aus dem Jahre 2009.

Ein erster Schwerpunkt des vorliegenden Publikation wird in Kapitel 3 dargestellt. Darin wird auf die Anwendung von BIM in der Planung nach HOAI eingegangen. Hierfür werden im ersten Schritt die Probleme der derzeitigen Praxis zusammengestellt und aufgezeigt, welchen Einfluss die Projektbeteiligten in die jeweilige Leistungsphase nach HOAI haben. Ebenso werden die Hürden und Hemmnisse einer generellen Einführung der BIM-Planungsmethode in das deutsche Bauwesen dargestellt. Die Potentiale und der Nutzen der innovativen Planung mit BIM werden dargelegt. Ein Vergleich zwischen traditioneller sowie neuartiger Bauplanung bildet die Unterschiede und Gemeinsamkeiten zwischen den beiden Verfahren ab. Außerdem stellt Kapitel 3 die Integration von BIM Leistungen in die HOAI dar, wobei auch auf den Nutzen der BIM-Planung in die jeweiligen Leistungsphasen eingegangen wird.

Der Hauptteil der Veröffentlichung behandelt in Kapitel 4 die Möglichkeiten zur Verbesserung der Datendurchgängigkeit im Planungsprozess. Im Hinblick darauf wird auf eine mögliche Integrierung in die bisherigen Projektphasen der Bauplanung eingegangen, der Einfluss von BIM auf die Zielgrößen im Bauwesen erläutert, sowie die Auswirkungen auf den bisherigen Planungsprozess bezüglich des Einsatzes von BIM diskutiert. Hierbei werden die Folgen für die preisrechtlichen Gegebenheiten, als auch notwendige, vertragliche Veränderungen der jetzigen Praxis dargestellt. Auf die Einbindung von Ausführenden in die Planung wird eingegangen. Abschließend erläutert Kapitel 4 die mit BIM durchführbare Simulation von Bauprozessen.

Das Datenmanagement im Bauwesen ist der letzte Schwerpunkt dieser Monographie. Das 5. Kapitel erörtert Lösungsmöglichkeiten für den korrekten Datenaustausch, unter Maßgabe eines standardisierten softwareübergreifenden Datenaustauschformates. Schlussendlich werden die Ergebnisse der Untersuchungen zusammengefasst und ein Ausblick in die weitere Entwicklung der durchgängigen Planung im Bauwesen gegeben.

2. Grundlagen

2.1 Begriffsdefinitionen

Building Information Modeling (BIM)

"BIM ist die digitale Abbildung der physikalischen und funktionalen Eigenschaften eines Bauwerks von der Grundlagenermittlung bis zum Rückbau/Abriss. Als solches dient es als Informationsquelle und Datendrehscheibe für die Zusammenarbeit über den gesamten Lebenszyklus des Bauwerks."[9]

Building Information Modeling beschreibt den Prozess der integrierten Planung und Verwendung eines digitalen Gebäudemodells in allen Lebenszyklusphasen des Gebäudes.[10]

Die Definitionen des Begriffs BIM sind geprägt von der Betrachtungsweise der einzelnen Ersteller. Eine allgemein gültige Definition des Begriffs konnte sich noch nicht etablieren.

Gebäudemodell (Building Information Model)

Das Gebäudemodell ist ein reales oder virtuelles Abbild eines Gebäudes, welches durch einen Modellbauer (real) oder von Nutzern unterschiedlichster computerunterstützter Konstruktionsprogramme (virtuell) erstellt wird. In der vorliegenden Studie wird der Begriff Gebäudemodell nur im Zusammenhang mit virtuellen Gebäudemodellen verwendet.

Projektbeteiligte

Bauherr

Der Bauherr beschreibt den Bedarf einer Baumaßnahme. Dieser definiert die Vorgaben, welche Funktionen das Bauwerk erfüllen soll. Die Bereitstellung der Finanzierung sowie die Beauftragung der Planung und Ausführung, sofern der Bauherr fachlich oder personell nicht ausreichend besetzt ist, sind dessen Hauptaufgaben. Der Bauherr ist somit zentraler Initiator eines Bauprojektes.

Planer-Architekten und Fachplaner

Der Planer, meist Architekt, ist zentraler Erfüllungsgehilfe des Bauherrn. Dieser setzt die Vorgaben des Bauherrn um und erstellt mit Hilfe von Fachplanern (TGA, Tragwerksplaner, usw.) eine genehmigungsfähige Planung, die dann den Behörden zur Genehmigung vorgelegt werden. Oft werden Planer auch von ausführenden Unternehmen für die Erstellung einer Werkplanung (Ausführungsplanung) beauftragt. Der Architekt ist meistens mit einer Generalplanung, also der zentralen Zusammenführung und Verknüpfung der einzelnen Fachplanungen, beauftragt. Der Zusammenschluss der beteiligten Planer zu einer Arbeitsgemeinschaft (ARGE), welche eine Gesellschaft bür-

---

[9] (Smith, 2008)
[10] vgl. (Tulke, 2010) Seite 217

gerlichen Rechts ist, wird als weitere Organisationsstruktur in der Praxis angewandt. Gerade bei größeren Bauvorhaben bedient sich der Bauherr meist eines Projektsteuerers, der Planungs- und Ausführungsprozesse plant, koordiniert und überwacht. Dieser wird mit zu den Planern gezählt, da diese Aufgaben auch der Architekt übernehmen kann.

Behörden und Trägerschaften

Die Genehmigungsplanung wird während des Planungsprozesses verschiedenen Behörden (z.B. Bauaufsichtsbehörde, Naturschutzbehörde) zur Überprüfung des geltenden Baurechts (Landesbauordnung) vorgelegt. Im Genehmigungsverfahren wird die öffentlich-rechtliche Zulässigkeit des Bauvorhabens verifiziert. Die Behörden können Auflagen fordern oder an andere öffentlich bestellten Fachleute (Sachverständige) verweisen.

Ausführende

Die ausführenden Unternehmen setzten die Planung des Architekten in die Realität um. Dabei gibt es verschiedene Konstellationen von Ausführenden. Die zwei häufigsten Modelle sind einerseits die des Generalunternehmers (GU), der vom Bauherrn einen Auftrag über die komplette Leistungserstellung bekommt und die verschiedenen Gewerke (zum Teil mit eigenem gewerblichen Personal und meist mit Hilfe von Nachunternehmern) koordiniert und realisiert. Ein Generalübernehmer (GÜ) koordiniert lediglich die Leistungen der Nachunternehmen und hat selbst keine eigenes gewerbliches Personal. Andererseits übernimmt der Bauherr die Koordinierung der Einzelgewerke, sofern dieser personell sowie fachlich gut aufgestellt ist. Bei der Einzelgewerkvergabe übernehmen die einzelnen Unternehmen deren jeweilige Gewerke. Andere Konstellationen (z. B. Totalunternehmer und Totalübernehmer) sind ebenfalls möglich. Der Totalunternehmer (TU) führt neben der Bauleistung auch Planungsleistungen aus, sowohl mit eigenem gewerblichen Personal, als auch mit Nachunternehmen. Der Totalübernehmer (TÜ) hingegen hat kein eigenes gewerbliches Personal und führt ansonsten die gleichen Leistungen wie der TU aus. Der Unternehmer ist meist in der Wahl seiner Ausführungsmethode frei, unter Berücksichtigung des vertraglich vereinbarten Leistungssolls.

Sonstige

Weiterhin können Investoren und Kapitalgeber zur Abdeckung der Finanzierung am Bau beteiligt sein. Auch ist die frühe Einbindung der Betreiber eines Bauwerks ebenso wichtig wie die der Nutzer (soweit bekannt). Zudem ist es erforderlich Nachbarn und evtl. die Öffentlichkeit über das Bauvorhaben zu informieren, um die Verzögerung oder einen Abbruch der Baumaßnahme durch juristische Klagen zu verhindern.[11]

---

[11] vgl. (Jehle, Michailenko, Seyffert, & Wagner, 2013) Seite 27-29

Computer Aided Design (CAD)

Unter CAD wird die digitale, computerunterstützte Erstellung von Konstruktionsplänen verstanden. Es werden zweidimensionale Pläne in einem Konstruktionsprogramm erzeugt, die dann für den Bau bzw. der Dokumentation eines Gebäudes verwendet werden können. Zusätzliche Informationen der Bauteile können lediglich in Textform im Plan vermerkt werden, was somit nur eine statische und unflexible Nutzung der Daten ermöglicht.[12]

Dimensionalität der Gebäudemodelle (2D, 3D, 4D, 5D)

Unter 2D-Gebäudemodellen versteht man das Erstellen von Plänen mit Hilfe von CAD-Software im herkömmlichen Sinn. Es werden für die Darstellung eines Gebäudes Grundrisse, Schnitte, Ansichten sowie Detailzeichnungen benötigt.

Als 3D werden dreidimensionale Gebäudemodelle bezeichnet, die mit Hilfe von spezieller Software am Computer modelliert werden. Die Visualisierung des Gebäudes wird somit ermöglicht. Es ist möglich aus dem 3D-Gebäudemodell 2D-Pläne zu generieren. Das 3D-Gebäudemodell dient nicht nur zur Visualisierung des Gebäudes, sondern auch als Datenspeicher über alle Lebenszyklusphasen des Gebäudes. Hier können beispielsweise Oberflächenbeschaffenheiten, Dokumentationsdaten oder auch Angaben zu Wartungsintervallen hinterlegt werden.

Bei der 4D-Planung werden die Daten aus dem 3D-Modell mit der Terminplanung verknüpft, womit ein Bauablauf schon in der Planung visualisiert und während der Ausführung überwacht werden kann.

Die Verbindung des 3D- beziehungsweise 4D-Gebäudemodells mit Ressourcendaten der Kalkulation wird als 5D benannt. Dadurch sind genaue Aussagen über die Baukosten möglich.[13]

Industry Foundation Classes (IFC)

Die IFC sind ein freier Standard zum Austausch von Gebäudedaten im BIM-Prozess. Durch die IFC wird ein objektorientierter Datentransfer zwischen verschiedenen Konstruktions-Softwareapplikationen ermöglicht (siehe hierzu Kapitel 5.2).

---

[12] vgl. (Tulke, 2010) Seite 218
[13] vgl. (Liebich, Schweer, & Wernik, 2011) Seite 48

2.2 Building Information Modeling (BIM)

2.2.1 Beschreibung von BIM

Building Information Modeling bezeichnet den Prozess der Erzeugung eines digitalen Gebäudemodells mit Hilfe von spezieller Software. Das Gebäudemodell (Building Information Model) wird dreidimensional in einem Programm erstellt. Dabei wird ein 3D-Gebäudemodell erarbeitet und verwaltet, welches alle Informationen des Gebäudes ab der Leistungsphase 1 - "Grundlagenermittlung" nach HOAI beinhaltet. Das Gebäude wird von Beginn an in 3D modelliert, was vor allem große Kosten- sowie Zeiteinsparungen in der späteren Ausführungs- und Betriebsphase zur Folge hat. Jeder Projektbeteiligte, vor allem aber auch Nicht-Baufachleute, können sich dadurch ein räumlich visuelles Bild des späteren Bauwerkes schaffen. Alle Beteiligten können von Anfang an sämtliche Informationen des Projektes abrufen. Planänderungen müssen nicht mehr aufwändig ausgedruckt und verschickt werden. Die Planfreigabe kann über spezielle webbasierte Projektverwaltungsprogramme erfolgen, wodurch die Entscheidungszeiträume deutlich verkürzt werden.[14]

Die Erstellung und Pflege des 3D-Gebäudemodells ist kostenaufwändiger als das traditionelle 2D-Planzeichnen, jedoch können durch dieses Modell die Baukosten wesentlich exakter bestimmt werden. Mengenermittlungen für Ausschreibungen und Abrechnungen werden direkt aus dem Gebäudemodell entnommen, wodurch der Bauherr eine sehr hohe Kostentransparenz erfährt. Dadurch und durch die Erfassung aller Bauteile sinkt die Gefahr von Nachträgen. Außerdem ist eine Erweiterung des Gebäudemodells auf 5 Dimensionen denkbar, wobei dann die Termin- und Ressourcenplanung mit in das Modell eingebunden werden. So kann eine Baustelle im Vorfeld virtuell simuliert beziehungsweise kalkuliert werden.

Das fortlaufend aktualisierte Gebäudemodell kann nach Fertigstellung direkt an den Gebäudebewirtschafter weitergegeben werden. Die somit entfallende Gebäudeaufnahme ergibt eine weitere Kostenersparnis. Weiterhin sind Planungsfehler und Schnittstellenprobleme frühzeitig erkennbar.[15]

---

[14] vgl. (Naumann, 2011) Seite 173-174
[15] vgl. (Heidemann, 2010) Seite 70-72

Die nachfolgende Abbildung visualisiert den Unterschied zwischen klassischer und BIM-Projektabwicklung.

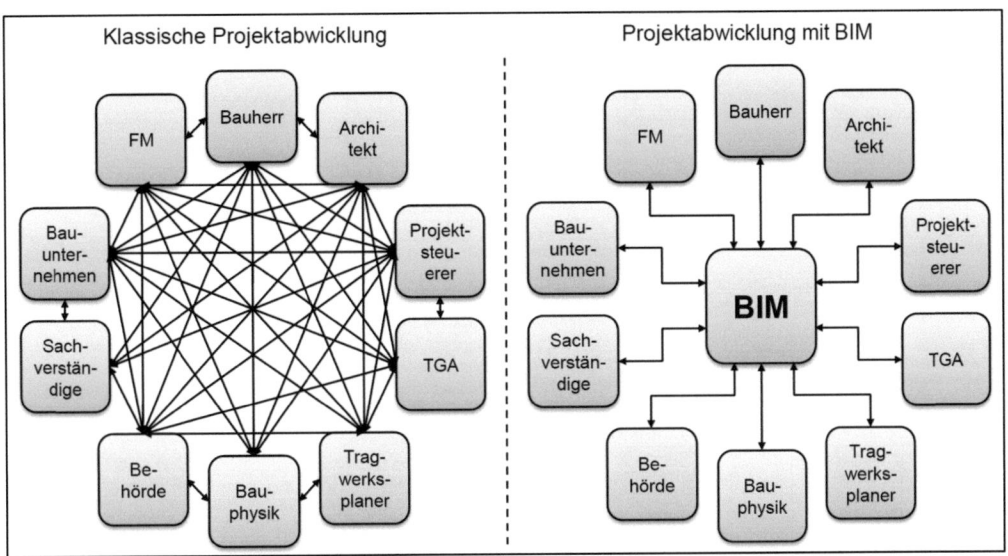

Abbildung 1 - Unterschied zwischen klassischer und BIM-Projektabwicklung[16]

In Abbildung 1 ist zu sehen, dass BIM nicht nur die Modellierung eines dreidimensionalen Gebäudemodells ist, sondern eine neue Form der Zusammenarbeit zwischen den Projektbeteiligten. Während die Kommunikation und Informationsweitergabe klassisch immer nur zwischen jeweils Beteiligten abläuft, bringt in der Planung mit BIM jeder dessen Informationen in das zentrale Datenmodell ein, worüber dann die Verständigung der beteiligten Akteure abläuft. Somit können keine Daten verloren gehen und die in der derzeitigen Praxis oft durchgeführte mehrmalige Eingabe von Angaben entfällt. Außerdem erfolgt mit BIM eine bessere Strukturierung und Organisation der Planungs- und Bauprozesse, was in der vorliegenden Veröffentlichung eingehend diskutiert wird.

2.2.2 Arten des BIM

Es gibt zwei verschiedene Hauptarten des Building Information Modeling, welche unterschiedliche Ausprägungen des BIM-Prozesses beschreiben. Es wird zwischen einer "little BIM" und einer "big BIM"-Lösung differenziert. In nachfolgender Abbildung können die verschiedenen Arten der BIM-Prozesse erkannt werden:

---

[16] eigene Darstellung

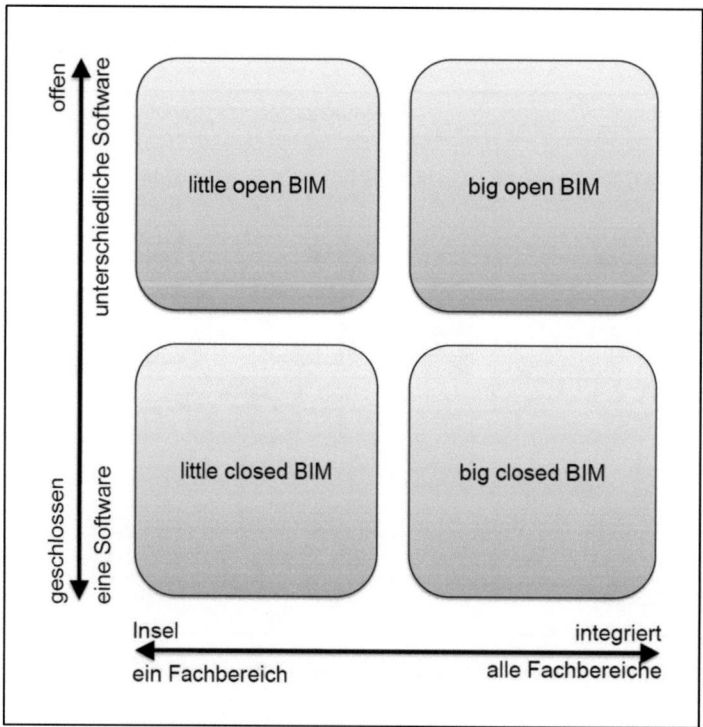

Abbildung 2 - Arten des BIM[17]

Die Bezeichnungen "little" oder "big" gibt dabei eine Aussage zu der Art der Anwendung: einerseits einer Insellösung (Innerhalb eines Projektbeteiligten), andererseits einer integrierten Lösung zwischen allen Projetbeteiligten. Die Begriffe "closed" oder "open" beschreiben die Art der Softwarelösung: "closed" charakterisiert eine isolierte Lösung mit der Software von einem Hersteller; "open" die Verwendung von verschiedenen Softwarepaketen, die untereinander mit universellen Schnittstellen verbunden werden können.

Little BIM

Little BIM (Insellösung) beschreibt die Anwendung von BIM-Prozessen in einem kleinen Rahmen, also beispielsweise in Ingenieur- und Architekturbüros, Bauunternehmen oder im Facility Management. Dabei nutzt der jeweilige Anwender das BIM-System ausschließlich für die Verbesserung seiner eigenen Arbeitsweise und stellt nur die Informationen in das Gebäudemodell ein, die von ihm genutzt werden können. Ein Ingenieurbüro benötigt beispielsweise zur Berechnung der Statik eines Gebäudes nicht die Oberflächenbeschaffenheit des Fußbodens, die jedoch für den Facility Manager wesentlich sind. Die Insellösung des BIM tauscht keine Daten mit anderen am Projekt Beteiligten aus. Die Software ist einheitlich ("little closed BIM"), wodurch keine Schnittstellenprobleme auftreten können.

---

[17] vgl. (Liebich, Schweer, & Wernik, 2011) Seite 46

Sofern der Nutzer von BIM sein Gebäudemodell auch anderen Projektbeteiligten zur Verfügung stellt, jedoch das Softwareumfeld nicht einheitlich ist, wird vom "little open BIM" gesprochen.

Open BIM

Open BIM (integrierte Lösung) bezeichnet die Anwendung vom BIM-Prozessen über mehrere Fachbereiche hinweg. Dabei wird die Zusammenarbeit zwischen den Fachplanern, beziehungsweise zwischen Planung und Ausführung oder Ausführung und Bewirtschaftung zentral koordiniert, um ein Gebäudemodell mit allen Informationen zu erstellen. Dies kann mit einer Softwarelösung erfolgen, was als "big closed BIM" beschrieben wird.

Sofern die Softwarepakete unterschiedlich sind und die jeweiligen Gebäudemodelle durch offene Schnittstellen miteinander zu einem Gebäudemodell verknüpft werden können, wird diese Variante als "big open BIM" bezeichnet. Hierbei können alle Projektbeteiligte auf ein zentrales, virtuelles Gebäudemodell zugreifen und deren Daten darin einbringen. Hierdurch ergeben sich Vorteile bezogen auf das gesamte Projekt.[18]

2.2.3 Ziele des BIM

Hauptziel des Building Information Modeling ist die Einführung eines integrierten Planungsprozesses unter Einbeziehung aller relevanten Daten des Gebäudes. Dafür soll nach Möglichkeit ein Modell erschaffen werden, auf das alle Projektbeteiligten, je nach deren Status, zugreifen können. BIM soll zudem die Prozesse in allen Lebenszyklusphasen, angefangen von der Konzeption, über die Planung, Ausführung bis hin zum Betrieb und schließlich der Verwertung eines Bauwerkes unterstützen und verbessern. Dadurch wird die Zusammenarbeit der beteiligten Akteure maßgeblich verbessert und Datenverluste oder die Mehrfacheingabe von Daten stark verringert bis vermieden.

2.2.4 Herkunft und Initiativen des BIM

Der Begriff Building Information Modeling wurde im Jahr 2003 von dem Unternehmen Autodesk geprägt. Virtuelle Planungsinstrumente wurden jedoch schon sehr viel früher in der Automobilindustrie als sogenanntes Product-Lifecycle-Management (PLM) Modell eingeführt. PLM ist vergleichbar mit 5D im Bauwesen. Dabei werden nicht nur Daten des jeweiligen Konstruktionsobjektes betrachtet, sondern die komplette Wertschöpfungskette, die die Herstellungstechnologie, Arbeitsmethoden, dafür benötigte Werkzeuge und Hilfsmittel, den Gesamtprozess inklusive der Bereitstellung und Logistik sowie die daran beteiligten Akteure betrachtet und daraus ein umfassendes Datenmodell erstellt, um die Prozesse nachhaltig zu verbessern.[19]

---

[18] vgl. (Liebich, Schweer, & Wernik, 2011) Seite 45-47
[19] vgl. (Kessoudis & Lodewijks, 2013) Seite 127

Zur Übertragung dieses PLM-Systems in die Bauwirtschaft haben sich 5 große europäische Baukonzerne zur 5D Initiative (http://www.5d-initiative.eu) zusammen geschlossen. Darunter sind auch die deutschen Vertreter der Bauunternehmen Max Bögl und Strabag SE / Ed. Züblin AG.

Eine weitere Initiative, die sich mit der Einführung von BIM, speziell mit der offenen Weitergabe der Gebäudemodell-Daten beschäftigt, ist der buildingSMART e. V. (http://www.buildingsmart.de). Die Förderung des big open BIM Formates steht dabei im Vordergrund. Unter dem Begriff "open BIM" haben sich namhafte Softwarehersteller unter Initiative der internationalen buildingSMART International Ltd. zusammengeschlossen, um den offenen Datenaustausch zu ermöglichen und zu fördern (siehe 0 Open BIM). Es werden Schulungen und Fachveranstaltungen zum Thema BIM angeboten, welche auch durch intensive Forschungsarbeiten im Bereich BIM verifiziert sind (siehe [Liebich, Schweer und Wernik 2011]).

Die Initiative ForBAU (http://www.forbau.de) ist ein weiterer Zusammenschluss von privatwirtschaftlichen Partnern und staatlichen Forschungseinrichtungen zur Untersuchung der digitalen Baustelle. Gefördert wurde diese dreijährige Forschungstätigkeit von der Bayerischen Forschungsstiftung. Bei dem Projekt waren sieben Lehrstühle bayrischer Universitäten bzw. Hochschulen, das Deutsche Zentrum für Luft- und Raumfahrttechnik (DLR) sowie 37 Industriepartner beteiligt. Dabei wurden die Potentiale, aber auch die Defizite der 3D-Modellierung, der Ablaufsimulation, des zentralen Datenmanagements, der Steuerung und Kontrolle der Bauausführung, also zusammenfassend des Builiding Information Managements erörtert. Zudem wurde auf die mobile Datenübertragung, die RFID[20]-Technologie sowie die Just-in-time-Lieferung im Bauwesen eingegangen.

Das Bundesministerium für Bildung und Forschung (BMBF) unterstütze von 2009-2012 ein weiteres Forschungsprojekt zur " Entwicklung eines Managementführungssystems für die partnerschaftliche, prozessgesteuerte und risikokontrollierte Abwicklung von Bauprojekten."[21] Das Projekt Mefisto (Management-Führung-Information-Simulation) wurde federführend von Professor Scherer, Leiter des Institutes für Bauinformatik an der Fakultät Bauingenieurwesen der TU Dresden betreut. Die Ergebnisse des Mefisto-Projektes ergaben eine große Relevanz des Building Information Modeling im Bauwesen. Zudem wurden neue Erkenntnisse im Bereich Datenmanagement und -verwaltung, insbesondere in der Standardisierung der Datenübertragung, erlangt.

Das Bundesministerium für Verkehr, Bau und Stadtentwicklung stellte ab dem Jahr 2006 finanzielle Mittel für die Forschungsinitiative Zukunft Bau bereit. Bisher wurden drei Forschungsarbeiten im Bezug auf das Building Information Modeling gefördert. Dabei sind die "Auswirkungen der Planungsmethode Building Information Modelling (BIM) auf die Leistungsbilder und Vergütungsstruktur für Architekten und Ingenieure sowie auf die Vertragsgestaltung" von (Liebich, Schweer, & Wernik, 2011) sowie das BIM an sich mit dessen Potentialen und Hemmnissen von (KIT, 2012) untersucht wor-

---

[20] Radio Frequenz Identifikation
[21] (Scherer & Schapke, 2012)

den. Zurzeit läuft die Bearbeitung der "Optimierung und Auswertung eines 3D-Gebäudemodells (Basis IFC) für Facility Management."[22]

2.2.5 Software

Alle namhaften Hersteller von Konstruktionssoftware vertreiben derzeit ein Produkt mit welchem BIM möglich ist. Folgende Tabelle gibt eine Übersicht der Hersteller und jeweils ein aktuelles BIM-Produkt:

Hersteller	Produkt	Website
AceCad	BIMProject	http://www.acecadsoftware.com
Autodesk	Revit	http://www.autodesk.de
Bentley	Bentley Architecture	http://www.bentley.com
BIB	ALLbudget®	http://www.bib-gmbh.de/
Cadsoft	Envisioneer Professional	http://www.cadsoft.com
Graphisoft	Archicad	http://www.graphisoft.de
Nemetschek	Nemetschek Allplan	http://www.nemetschek-allplan.de/
Tekla	Tekla Structures	http://www.tekla.com
Vico	Vico Office	http://www.vicosoftware.com
RIB	iTWO	http://www.rib-software.com/de

Tabelle 1 - Übersicht der BIM Software

Die Recherche ergab, dass alle dargestellten Software-Unternehmen eine 5D-BIM Lösung anbieten. Einige Softwareanbieter stellen den gesamten BIM-Prozess in einem Programm dar. Der Großteil jedoch verknüpft deren 3D-Konstruktionsprogramm mit weiteren Programmen für die Terminplanplanung (4D) oder der Mengenberechnung inklusive der Kalkulation der Kosten (5D). Für den Anwender ist zu empfehlen, die Produkte genauestens zu testen und Angebote miteinander zu vergleichen, da sich erfahrungsgemäß teilweise große Unterschiede bezüglich der Bedienbarkeit und Nutzerfreundlichkeit ergeben. Bei dieser Betrachtung sind vor allem auch monetäre Aspekte zu vergleichen, da beispielsweise die Einzellizenz von Autodesk Revit circa 6.000 €[23] kostet, was vor allem für kleinere Architekturbüros, auch in Anbetracht der Nebenkosten (sehr aktuelle und leistungsfähige Hardwarevoraussetzungen), nicht einfach zu bewältigen ist.

---

[22] vgl. (BBR, 2010)
[23] (Autodesk, 2013)

2.2.6 Vorteile des BIM

Der aktuelle Projektabwicklungsprozess von Bauprojekten bietet große Potentiale um Bauvorhaben effizienter, kostentransparenter und qualitativ hochwertiger planen, ausführen und betreiben zu können. BIM unterstützt alle bisherigen Prozesse und führt zudem eine neue Arbeits- und Sichtweise in das Bauwesen ein. Durch die virtuelle Umgebung bietet BIM zusammengefasst folgende Vorteile gegenüber den traditionellen Projektabwicklungsverfahren:

Planungsphase

- Möglichkeit zum zentralen Datenzugriff durch alle Projektbeteiligte, dadurch entsteht eine optimierte Kommunikation zwischen den Beteiligten
- Ständige Aktualisierung sowie Verfügbarkeit der Daten, wodurch ein geringer Dokumentationsaufwand nach der Planungs- bzw. Bauphase entsteht
- Visualisierung des Bauwerkes zur Kollisionsprüfung mit anderen Fachabteilungen, als auch der Kommunikation gegenüber dem Bauherrn und der Öffentlichkeit
- Genaue Bestimmung der Baukosten bereits während der Planungsphase durch Erweiterung von 3D auf 5D (siehe 2.1 Dimensionalität)
- vereinfachte Erstellung von mehreren Planungsvarianten zur Optimierung des Bauwerkes

Ausführungsphase

- Leichte Überprüfung des Soll-Ist-Standes durch 4D (siehe 2.1 Dimensionalität)
- Einfaches Planmanagement und geringere Kosten bei Planungsänderungen
- Transparente Kostenkontrolle durch den Bauherr möglich
- Verringerung von Termin- und Kostenrisiken in der Bauphase durch genauere Planung

Betriebsphase

- schnelle Übermittlung aller relevanten Daten zur Gebäudebewirtschaftung
- Übergabe von Dokumentationsunterlagen schon während der Bauzeit möglich, dadurch kann der Betrieb des Gebäudes sofort nach Fertigstellung beginnen, was Bewirtschaftungslücken infolge einer Angebotserstellung vorbeugt[24]

---

[24] vgl. (Naumann, 2011) Seite 174-175

2.3 Planungsprozess gemäß HOAI

Das nachfolgende Kapitel bezieht sich auf die Verordnung über Honorare für Leistungen der Architekten und Ingenieure (HOAI) in der Fassung vom 11. August 2009. In Kapitel "3.5 Einbindung vom BIM in die HOAI" wird zudem auf die voraussichtlich im August 2013 erscheinende Novellierung der HOAI eingegangen. Vor allem stellt Punkt 3.5 die Vorteile dar, die sich durch BIM im Bezug auf die neue HOAI ergeben.

2.3.1 Übersicht der Leistungsphasen nach HOAI

Die nachfolgende Abbildung stellt die einzelnen Leistungsphasen im Leistungsbild Gebäude und raumbildende Ausbauten der HOAI 2009 dar. Es sind die Prozentsätze der Honorare für Gebäude dargestellt, welche mit dem jeweiligen Arbeitsumfang der Leistungsphase kongruieren. Außerdem sind wesentliche Punkte des Leistungsinhalts der jeweiligen LPH dargestellt.

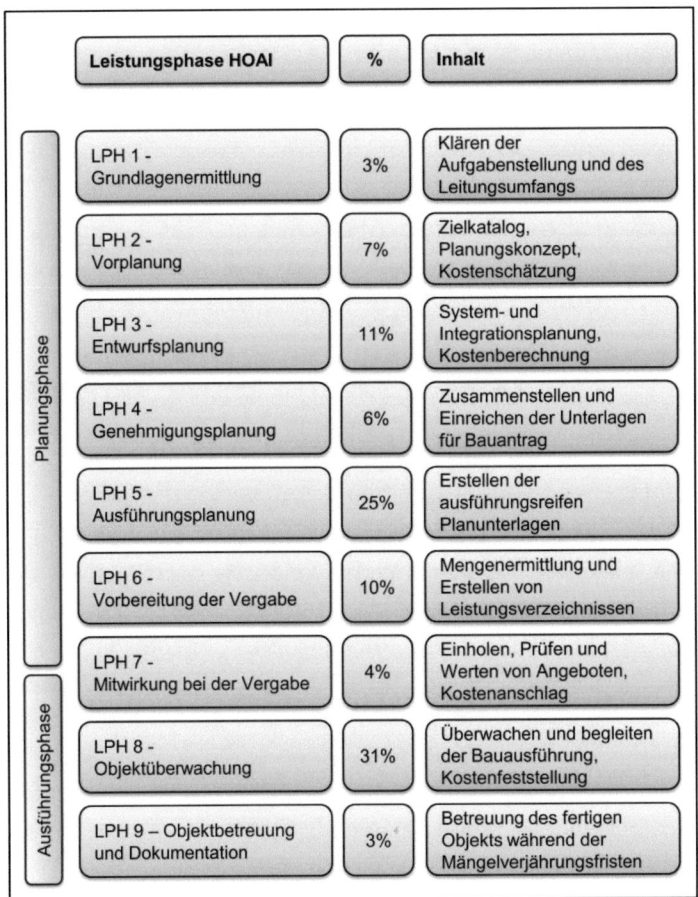

Abbildung 3 - Übersicht der Leistungsphasen nach HOAI 2009[25]

---

[25] eigene Darstellung auf Grundlage der (HOAI, 2009)

In Abbildung 3 lassen sich gut die Umfänge der einzelnen Leistungsphasen erkennen. Die Planung des Bauwerkes umfasst demnach 66 % des gesamten Leistungsbildes Gebäude und raumbildende Ausbauten. Die restlichen 34 % der Leistung entfallen auf die eigentliche Ausführungsphase.

Die Leistungsphasen sind nach Planungs- und Ausführungsphase aufgeteilt. Die LPH 7 - "Mitwirkung bei der Vergabe" ist hier der Übergangspunkt zwischen Planung und Ausführung. Dies entspricht der klassischen Ausschreibung mit EP-Leistungsverzeichnissen. Sofern andere Varianten der Ausschreibung durchgeführt werden (z.B. Funktionale Ausschreibung und Erstellung der Ausführungsplanung durch den Totalunternehmer), variiert dieser Übergangspunkt von der Planung des Architekten zum ausführenden Unternehmen. Die Vergabe des Auftrages an das Unternehmen erfolgt dann nach einer früheren Leistungsphase, meist nach der Genehmigungsplanung, wobei der Totalunternehmer oft baubegleitend die Ausführungsplanung erstellt.

Die Ausführungsphase endet nach der mängelfreien Erstellung des Bauwerkes. Deshalb wird die LPH 9 - Objektbetreuung und Dokumentation noch zur Ausführungsphase gezählt, obwohl das Bauwerk meist schon in Betrieb genommen wurde. Das Ende der Ausführungsphase liegt somit nach der vereinbaren Mängelgewährleistungsfrist.

2.3.2 Leistungsphasen 1-7 nach HOAI

Auf das Leistungsbild Gebäude und raumbildende Ausbauten im "Teil 3 Objektplanung" der HOAI soll besonders eingegangen werden, da die enthaltenen Leistungsphasen große Potentiale einer Projektabwicklung mit BIM-Methoden beschreiben.

Ziel der LPH 1-7 ist es, eine ausführungsreife Planung einer Bauleistung zu erhalten und diese auf dem freien Markt zur Abgabe von Preisen zu positionieren. Die Planung beginnt mit einer Idee, dem Vorhaben Kapital zu investieren oder dem Bedarf eines Gebäudes und kommt vom Bauherrn, welcher Initiator des Bauprojektes ist. Dieser beauftragt klassischerweise einen Architekten, der für die Umsetzung, sowie technische und wirtschaftliche Umsetzbarkeit der Bauherrenwünsche verantwortlich ist. Die Bearbeitung beginnt meist mit der Erstellung von verschiedenen Variantenstudien, die auch im Rahmen eines Architekturwettbewerbes erfolgen können. Nach der Festlegung einer Variante wird, unter Einbeziehung von verschiedenen Fachplanern, eine Entwurfsplanung erstellt, die der Baubehörde zur Genehmigung vorgelegt wird. Bei dem Entwurf müssen nicht nur technische Regelwerke, sondern auch baurechtliche Vorschriften (z.B. Landesbauordnung) beachtet werden. Nach erfolgter Genehmigung wird die Entwurfsplanung weiter bis zur Ausführungsplanung konkretisiert. In dem gesamten Planungsprozess entsteht so eine große Ansammlung an verfügbaren Daten, welche mit klassischen CAD-Programmen nur uneffektiv verwaltet werden kann.

Die Zusammenfassung der Daten zu einem Leistungsverzeichnis erfolgt nach der Mengenermittlung in der LPH 6 - "Vorbereitung der Vergabe". Die Ausführungspläne werden zusammen mit der Leistungsbeschreibung veröffentlicht, damit die ausführenden Unternehmen dafür Preise abgeben können. Der Architekt unterstützt den Bauherrn zudem bei der Auswahl des geeigneten Bieters, womit die Leistungsphase 7 - "Mitwirkung bei der Vergabe" abschließt.

Wie schon in Abschnitt 2.3.1 beschrieben, ist es möglich, einen Totalunternehmer mit der Erstellung der Ausführungsplanung zu beauftragen. Dadurch entfällt die Leistungsphase 5 beim Architekten. Dieser erstellt im Rahmen der Ausführungsplanung lediglich eine Objektbeschreibung (funktionale Ausschreibung). Die Einbindung eines ausführenden Unternehmens nach der Leistungsphase 1 - "Grundlagenermittlung" ist ebenfalls durch eine spezielle Vertragsart der öffentlich-privaten- oder privat-privaten- Partnerschaft möglich.[26]

---

[26] vgl. (Jehle, Michailenko, Seyffert, & Wagner, 2013) Seite 26-29

3. Anwendung von BIM in den Leistungsphasen 1-7 nach HOAI

3.1 Etablierte Planungsverfahren der Praxis

3.1.1 Probleme der derzeitigen Praxis

Informationsübergabe und -verluste

Die Planung sowie Ausführung eines Bauprojektes ist von unterschiedlichen Interessen der Beteiligten geprägt. Dabei werden meist Verantwortlichkeiten und Risiken während der einzelnen Projektphasen an andere Projektbeteiligte übertragen. Bei diesem Übergang, aber auch durch Übergabe der Planung des Architekten an den Fachplaner oder später dem Unternehmer, kann es zu Informations- und Ideenverlusten kommen. Gerade bei der Übergabe der Planung des Bauherrn, bzw. des von ihm beauftragten Architekten, an den Unternehmer in LPH 7, also der Vergabe, kann es leicht zu einem Informationsbruch kommen. Der Unternehmer, der in der Regel mit der Ausführungsplanung beauftragt wird, kann so seine eigenen fachlichen Kenntnisse in die Planung mit einbringen, beziehungsweise neue Planer mit der weiteren Beplanung des Bauwerks beauftragen. Die Übergabe der Planung erfolgt nicht selten in Papierform, was eine digitale Weiterverwendung der Architektenplanung unmöglich macht. Bei der digitalen Planübergabe können Fehler durch Kompatibilitätsprobleme zwischen den verschiedenen CAD-Programmen kommen, da noch kein einheitliches Austauschformat besteht.

Datenaufbereitung

Durch die oben beschriebenen Schnittstellen zwischen den einzelnen Planern oder zwischen Planer und Ausführenden entstehen, wie erwähnt, Informationsverluste. Gerade bei größeren Projekten mit langen Planungszeiträumen (z.B. bei Großprojekten im öffentlichen Bereich) kann es vorkommen, dass Planer nur für eine einzelne Leistungsphase beauftragt werden. Dadurch müssen Daten der vorangegangenen Planungsphasen übernommen werden. Oft sind nicht nur die Datenmenge, sondern auch die Qualität der Daten sehr kritisch zu betrachten. Beispielsweise müssen Daten, welche in Papierform vorliegen, digitalisiert, Zeichnungen in das aktuelle Austauschformat umgewandelt und zudem überprüft werden. Diese Datenaufbereitung ist dadurch notwendig, da es zurzeit keine einheitlichen Standards zum Datenaustausch gibt. Der jeweilige Auftraggeber behält sich die eigenen Projektstrukturen, CAD-Standards sowie Regelungen zum Datenaustausch vor. Dies erfordert eine maximale Flexibilität auf Seiten der Planer.

Innovationsdefizit

Einige visionäre Unternehmen setzen bereits erfolgreich BIM in deren Objektplanung sowie Ausführung ein. Jedoch können diese Vorreiter sich noch nicht grundsätzlich durchsetzen, zumal es noch viele andere Projektbeteiligte gibt, wie Behörden, eine Reihe von Fachplanern sowie Sachverständige, die nicht mit BIM-Methoden arbeiten und somit das virtuelle Gebäudemodell wieder auf 2D herunter gebrochen werden muss. Dadurch können die hinterlegten Informationen nicht genutzt werden und müssen über Auswertungstools ausgelesen und in schlechtestenfalls Papierform angefügt werden. Der Gesetzgeber behält es sich ebenfalls vor, eine modellbasierte Planungsmethode zu fördern und bei seinen Ausschreibungen diese zu fordern. Beispiele aus dem Ausland belegen indes die Vorteile des Building Information Modeling auch im öffentlichen Bereich. Hierzu wird weiterführend auf Punkt 6.2 Ausblick verwiesen.[27]

3.1.2 Einfluss der Projektbeteiligten in die Leistungsphasen 1-7

Jeder der Haupt-Projektbeteiligten der Planung sowie Ausführung hat spezifische Aufgaben in den Leistungsphasen der HOAI. Die nachfolgende Abbildung beschreibt die wesentlichen Leistungen der am Bau Beteiligten im Kontext der HOAI im Leistungsbild Gebäude und raumbildende Ausbauten.

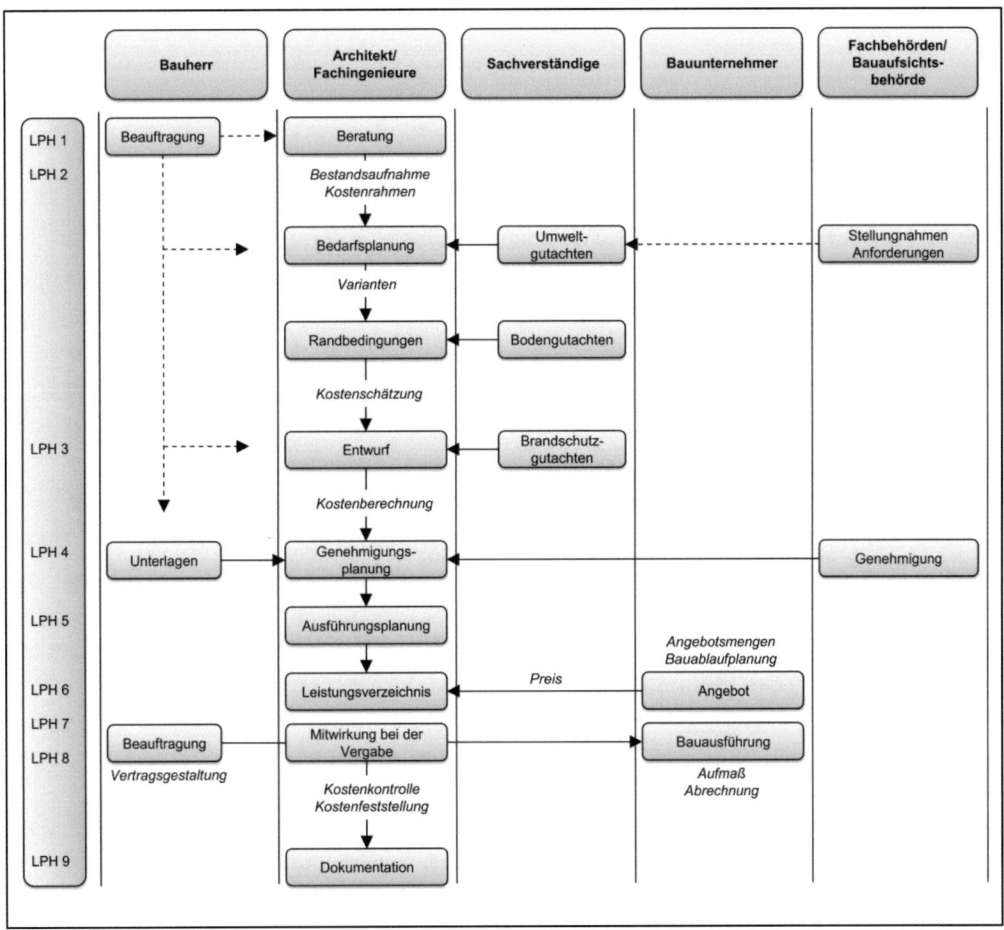

Abbildung 4 - Einfluss der Projektbeteiligten auf die Projektphasen[28]

---

[27] vgl. (Willberg, Baumgärtel, & Klaubert, 2011) Seite 8-13
[28] eigene Darstellung in Anlehnung an (Kaminski, 2010) Seite 53

Die vorangegangene Abbildung zeigt, dass im Planungsprozess (LPH 1-7) als auch in der späteren Ausführung der Bauleistung (Leistungsphase 8 bzw. 9) bei bauherrnvertretenden Architekten alle Informationen zusammen laufen, bzw. die Erkenntnisse aus dem Planungsprozess von diesem weitergegeben werden. Dies erfordert eine Projektstruktur, die alle relevanten Daten bündelt und für alle anderen Akteure bereit stellt. Welche Prozesse hiervon mit Hilfe von BIM beeinflusst sowie verbessert werden können, wird in Kapitel 3.5.2 deutlich. BIM hat nicht nur in den Leistungsphasen 1-7 einen großen Nutzen, sondern auch in der Ausführungs- (LPH 8) und Betriebsphase (LPH 9). Auf die beiden letzteren Leistungsphasen wird in der vorliegenden Studie nur informativ eingegangen.

3.2 Schwierigkeiten der Einführung von BIM in die Praxis

3.2.1 Grundlegende Schwierigkeiten

Bauen ist Unikatfertigung

Wird der Vergleich zwischen stationärer und Bau-Industrie gezogen, ist festzustellen, dass jedes Bauwerk, selbst im Systembau (unterschiedliche örtliche Gegebenheiten), durch eine Unikatfertigung, also im Sprachgebrauch der Produktion einem Prototypenbau, hergestellt werden muss. Angefangen von der Geologie, über unterschiedlichste Zulieferer, angepasst auf den jeweiligen Ort der Baustelle bis hin zu ständig wechselnden Projektbeteiligten findet die Herstellung eines Bauwerkes stets unter verschiedenen Randbedingungen statt.[29] Alle Abläufe die zum Bauen notwendig sind, müssen speziell auf die jeweilige Konstruktion angepasst werden. Zwar wird versucht durch "Just in time" - Lieferung von Baumaterialien oder der Verwendung von Fertigteilen und vielen wiederkehrenden Bauteilen einen gewissen Fertigungsfluss auf der Baustelle zu generieren, jedoch fehlen hierzu meistens die Planungswerkzeuge, um diesen Produktionsfluss schon in der Planung zu simulieren und dadurch schon einen effektiven Entwurf zu erhalten.

Kommunikation und Austausch von Informationen

Der Informationsaustausch und die Kommunikation zwischen den Projektbeteiligten entwickelte sich, ähnlich der stationären Industrie, in den letzten 3 Jahrzehnten zu einer schnellen und von Änderungen geprägten Form. Durch die Nutzung von E-Mail und Mobiltelefon, sowie Projektplattformen ist der Datenaustausch einfacher geworden. Mit Hilfe von BIM kann dieser Prozess noch weiter verbessert werden, da alle Informationen zum Bauwerk für die Beteiligten zugänglich sind. Durch die sogenannte "1. digitale Revolution"[30] im Bauwesen wurde ab Mitte der 80er Jahre schrittweise die

---

[29] vgl. (Schach & Sperling, 2001) Seite 2-4
[30] (Scherer, Schapke, & Tauscher, 2010) Seite 79

Kommunikation und der Datenaustausch zwischen den Projektbeteiligten verändert. Neue Methoden zum Erstellen von Plänen (CAD-Zeichnen), der Terminplanung (z.B. Microsoft Projekt) oder sonstigen digitalen Unterstützung des Arbeitsablaufes (Microsoft Word, Excel) wurden eingeführt. Ab ca. 2005 beginnt die "2. digitale Revolution"[31] durch BIM. Dieser neue Prozess hat jedoch große Auswirkungen auf die bisherigen Soft- und Hardwarevoraussetzungen der Beteiligten. Bei Verwendung von Software verschiedener Hersteller gestaltet sich, wie auch bei Verwendung von Software eines Herstellers jedoch mit unterschiedlichen Programmversionen, der Datenaustausch sowie die Durchgängigkeit der Daten als schwierig. Deshalb wird über die openBIM Initiative (vgl. 2.2.4 Herkunft und Initiativen des BIM) versucht, das Austauschformat zwischen den verschiedenen Programmen zu vereinheitlichen, worauf in Kapitel 5 explizit eingegangen wird.

Ungleiche Vorstellungen der Projektbeteiligten

Ein Bauwerk entsteht nicht nur durch reines Entwerfen, Konstruieren und Bauen. Es müssen zudem viele andere Themenfelder wie Recht, Finanzierung, Betrieb, Genehmigung und Verwertung in den Bauprozess eingebunden werden. Jeder Akteur seines jeweiligen Themenfeldes hat eine eigene Vorstellung und Sichtweise über sein Arbeitsfeld sowie der Erledigung seiner Aufgaben. BIM unterstützt den Prozess diese unterschiedlichen Beteiligten miteinander zu verbinden, vorausgesetzt die beteiligten Personen sind offen für eine neue Form der Projektdurchführung und fördern diese.

3.2.2 Zusammenstellung der Hindernisse

Die Hindernisse einer Einführung von BIM werden von (Naumann, 2011) nach 5 Hauptpunkten definiert. Nachfolgend sind die Klassifikation der Hürden, welche auch anders denkbar wären (z.B. getrennt zwischen Planung und Ausführung), sowie deren Diskussion dargestellt.

Organisatorische Hürden

- verschiedene Verträge zwischen den Projektbeteiligten bestimmen das Baugeschehen (VOB-Vertrag, BGB-Werkvertrag, Architektenvertrag)
- Bauwerke können unterschiedlich abgewickelt werden (EP-Vertrag, Pauschalvertrag, PPP, usw.)
- in der Regel unterschiedliche Projektbeteiligte in Planung und Ausführung; und dadurch auch verschiedene Geschäftsprozesse in den einzelnen Unternehmen
- das Preisrecht nach HOAI bestimmt die Abwicklung des Projektes nach den HOAI-Leistungsphasen
- Reduzierung von Gebäudemodell-Informationen für die Ausführenden auf der Baustelle (gewerbliche Arbeiter)
- Fortschreibung des Gebäudemodells über alle Projektphasen

---

[31] (Scherer, Schapke, & Tauscher, 2010) Seite 79

Technische Hürden

- Soft- und Hardware der Beteiligten müssen aktuell und leistungsfähig sein
- großes Datenvolumen muss zentral verwaltet, gespeichert und gesichert werden
- zwischen verschiedenen Softwareprogrammen muss der verlustfreie Datenaustausch möglich sein
- eine zentrale, projektbezogene, virtuelle Arbeitsplattform muss geschaffen werden, worauf alle relevanten Informationen gespeichert und schnell zugeordnet sowie gefunden werden können
- Verwaltung der Zugriffsrechte und IT-Betreuung der Plattform

Preisliche Hürden

- Anschaffung der Hard- und Software
- laufende Kosten durch die Administration des zentralen Servers sowie der Zugriffsverwaltung
- Veränderung von Geschäftsprozessen und innerbetrieblicher Organisation
- Kosten für die Weiterbildung von Mitarbeitern

Nutzer- und Akzeptanzprobleme

- unterschiedliche Arbeitsweisen der Projektbeteiligten
- verschiedene Akzeptanz zur Einführung von neuen Hilfsmitteln/Werkzeugen
- lange Lernphasen für die Beherrschung der Software und Schwierigkeiten bei der erstmaligen Einführung von BIM
- Erhöhte Anforderungen an die Benutzer von BIM-Software und eingehende Vertiefung in die Programme

Juristische Hürden

- Vertragsgestaltung, vor allem im öffentlichen Bereich
- Rechtsverbindlichkeit der virtuell hinterlegten Informationen
- Sicherheit der Daten und Geschäftsgeheimnisse der Anwender
- Übernahme von Risiken[32]

Die Schaffung der Akzeptanz bei den Projektbeteiligten für BIM wird als zentrales Element für eine zuverlässige und zielführende Anwendung von BIM gesehen. Vor allem wenn alle Beteiligten alleinig das Projekt im Fokus haben und nicht deren eigene Interessen beachten, kann eine neue Projektabwicklungsform eingeführt werden. Nur wenn der Nutzen für eine Einführung der modellbasierten Planung auf allen Ebenen der Projektorganisation gesehen wird, kann sich diese erfolgreich durchsetzen. BIM könnte auch ohne Beteiligung aller Akteure in einer kleineren Bürovariante (siehe 0 little BIM) Erfolg haben, entfaltet jedoch erst beim Bezug auf das gesamte Projekt alle Vorteile und Potentiale. Nachdem die Anwender überzeugt sind, ist es wichtig, die technischen Rahmenbedingungen zu schaffen, die beim derzeitigen Stand der Technik

---

[32] vgl. (Naumann, 2011) Seite 177-178 und (KIT, 2012) Seite 40-41

kein Problem darstellen. Preisliche Hürden sind vor allem für kleinere Fachplaner problematisch zu sehen, da diese nicht über das Projektvolumen verfügen, BIM kostenneutral einzuführen. Denkbar wäre hier ein Leasing der Hard- und Software, um hohe einmalige Einrichtungskosten zu vermeiden. Organisatorische Hürden wie die unterschiedlichen Abwicklungsformen (EP-, Pauschschal-Vertrag, PPP, usw.) haben geringen Einfluss darauf, ob BIM eingeführt werden kann. Es muss hingegen festgelegt werden, wie es eingeführt wird und welche Leistungen vom wem ausgeführt werden. Zudem ist die Einbindung in die HOAI teilweise möglich, worauf in Kapitel 3.5 nochmals eingegangen wird. Die juristischen Hürden können vorab in den Verträgen festgelegt werden. Beispiele gibt es hierzu genügend aus dem Ausland, wo die Projektdurchführung mit BIM seit Jahren etabliert ist.

3.3 Chancen durch BIM

3.3.1 Potentiale der Planung mit BIM

Das wesentlichste Potential der Planung mit BIM ist die Weiterverwendbarkeit der eingegebenen Daten mit Hilfe von verschiedenen Simulations- und Auswertungsverfahren. Die zurzeit übliche 2D-Gebäudeplanung mittels Plänen bedarf einer sehr aufwändigen Methode zur Datenauswertung. Beispielsweise muss im klassischen 2D-Planungsverfahren bei einer Änderung der Bauteilgeometrie die Mengenermittlung manuell aufwändig neu erstellt werden, was hingegen mit BIM automatisch erfolgt. Nachfolgend ist eine Zusammenstellung der wichtigsten Anwendungen im Building Innformation Modeling erläutert:

Kollisionsprüfung

Das Programm-Tool "Model Checker"[33] kann das übergebene, virtuelle Planungsmodell überprüfen. Dabei wird beispielsweise das Modell an sich überprüft (keine doppelten Türen) oder es können auch Kollisionsprüfungen mit der bestehenden Bausubstanz, oder anderen Fachplanungen durchgeführt werden. Zudem ist eine Erweiterung für die Überprüfung auf bestimmte Regelungen oder Normen machbar (z.B. hinsichtlich Brandschutz).

Mengenermittlung

Gerade fehlerhafte Mengen in der Ausschreibung sind oft Gründe für Mehrkosten und Terminverzögerungen. Bei klassischen Planungsverfahren ist die Mengenermittlung sehr zeitaufwändig und fehleranfällig. Die einfache, schnelle und automatisch ablaufende Mengenermittlung ist zentrales Element des BIM. Durch die Eingabe von Daten bezüglich der einzelnen Bauteile, kann das Programm feststellen, welche Art von Bauteil hinterlegt ist und mittels des 3D-Gebäudemodells können die Ausmaße des Bauteils und somit dessen Mengen ermittelt werden. Es kann zudem automatisch eine Auswertung erstellt werden, vergleichbar mit dem händischen Aufmaß, um die berech-

---

[33] (Borrmann, Liebich, & Juli, 2011) Seite 37

neten Mengen nachvollziehen zu können. Somit ist bereits in der Planung eine große Mengentransparenz und -sicherheit gegeben. Die Ausführungsmengen "zählen zu den größten Projektrisiken"[34], welche durch die automatische Mengenermittlung durch BIM-Software entscheidend verringert werden können. Dabei ist die Mengen- und Kostenermittlung nach den jeweiligen nationalen Standards (z.B. VOB) mit Programmen wie iTWO von RIB möglich. Auch ist eine gewerkeweise Auswertung der Mengen möglich, um beispielsweise Schalungsflächen zu ermitteln. In der späteren Ausführung entfällt dann die Erstellung des Aufmaßes zur Rechnungsstellung, da Modell- und Ausführungsmengen deckungsgleich sind.

Baukostenermittlung

Grundlage für die Berechnung der Baukosten ist eine genaue Ermittlung der auszuführenden Mengen. Diese werden dann mit Erfahrungswerten aus früheren Bauvorhaben oder mit Hilfe von Baukostenindizes berechnet. Die Detaillierung erfolgt je nach Planungsstufe. Mit BIM können bereits in frühen Phasen, nach Erstellung des virtuellen Gebäudemodells, präzise Aussagen über die zu erwartenden Baukosten getroffen werden. Damit ist eine "durchgängige Kostenverfolgung"[35] und -kontrolle, wie in der neuen HOAI 2013 gefordert, möglich. Die Verknüpfung mit Kalkulationsdaten wird in der Praxis als 5D-BIM-Lösung bezeichnet.

Tragwerksplanung

Die Verknüpfung von Bauwerksgeometrie und Bauteildaten ermöglicht eine effektivere Tragwerksplanung. Die hinterlegten Daten können einfach eingelesen werden und auf deren Grundlage automatisiert Schal- und Bewehrungspläne erstellt werden. Die Erstellung von mehreren Varianten wird durch das 3D-Modell und die vereinfachte Datenübernahme positiv unterstützt.

Simulation des Bauablaufs

Die Verknüpfung des 3D-Gebäudemodells mit dem Terminplan ermöglicht die Simulation des Bauablaufs. Das Resultat ergibt ein 4D-Modell, womit der Bauablauf über alle Phasen im Vorfeld simuliert werden kann. Dies ermöglicht eine frühzeitige Erkennung von Problemen während der Ausführung und zudem eine wirkungsvolle Verbesserung der Abläufe in der Bauausführung. Schnittstellenprobleme können dadurch visualisiert und der Baufortschritt einfach überprüft werden.

Bauphysikalische Berechnungen

Die hinterlegten Informationen im virtuellen Gebäudemodell beziehen sich nicht nur auf das Gebäude an sich, sondern auch auf dessen Lage. Somit ist durch den Zusammenhang zwischen Geometrie-, Ausstattungs- und Lagedaten die Wärmebedarfsberechnung des Bauwerkes möglich. Die notwendigen Wärmedurchgangskoeffizienten sind in den Baumaterialdaten hinterlegt, wodurch sich automatisch der Wärmebedarf berechnen lässt.

---

[34] (Popp, 2011) Seite 86
[35] (BMWi, 2013) Seite 162

Prozesse verändern

Der Erfolg von BIM ist demnach nicht nur abhängig von der Verwendung der Software, sondern auch von der Umgestaltung der bisherigen Trennung von Planung und Ausführung zu einem durchgängigen Prozess. Dabei stehen die verbesserte Zusammenarbeit zwischen den verschiedenen Planern, die Genehmigung des virtuellen Gebäudemodells durch die Baubehörde und die Datendurchgängigkeit von der Planung zur Ausführung des Bauwerks im Fokus, als auch die Verwendung des Building Information Models in der Gebäudebewirtschaftung. Die vorzunehmenden Änderungen im bisherigen Bauprozess können nur durch die Projektbeteiligten initiiert und angewendet werden, welche dadurch über den Erfolg des BIM entscheiden.[36]

3.3.2 Zusätzlicher Nutzen von 3D-Modellen in der Praxis

Visualisierung

Die Visualisierung des Bauwerkes mit Hilfe von dreidimensionalen Ansichten wird schon seit längerem im Bauwesen angewendet. Gerade bei Architekturwettbewerben ist dies ein beliebtes Gestaltungsmittel, um dem Bauherrn einen guten Eindruck von den Abmessungen oder der Integrierung in die Umgebung zu vermitteln.

Jedoch ist dies nicht der einzige Vorteil von dreidimensionalen Visualisierungen. Wie schon im vorangegangenen Abschnitt erwähnt, ist es möglich das 3D-Gebäudemodell mit dem Bauzeitplan zu verknüpfen. Das so entstandene 4D-Modell schafft die Voraussetzung für eine Kollisionsprüfung der Ausführung schon in der Planungsphase. Dies ermöglicht eine durchgehende Bauphase, wobei Unterbrechungen vermieden werden können. Die Bauüberwachung wird durch die 4D-Planung ebenfalls sehr vereinfacht, was in diesem Abschnitt unter Soll-Ist-Vergleiche eingehend erläutert wird.

Zusätzlich ist die Visualisierung der Ergebnisse der Tragwerksplanung möglich. So können Schwachstellen aufgezeigt und verstärkt werden, oder aber auch überdimensionierte Bauteile reduziert werden. Ebenfalls ist die Darstellung von Emissionen wie die Lärm-, Wärme-, oder auch Lichtentwicklung möglich. In der Lichtplanung ist eine dreidimensionale Darstellung seit Jahren etabliert.

Zurzeit werden Systeme entwickelt, die dreidimensionale Objekte nicht nur auf 2D-Bilschirmen darstellen, sondern mit Hilfe von Brillen als 3D-Raum darstellen, der virtuell betreten werden kann (Virtual Reality). Die Visualisierung von 3D-Modellen auf 2D-Bildschirmen erfolgt durch eine perspektivische Verzerrung des Bildes, damit ein räumlicher Eindruck entsteht. Der virtuelle Raum hingegen basiert auf dem "Prinzip des stereoskopischen Sehens"[37], also einer vorgetäuschten Realität, um die virtuell erzeugte Umgebung wirklichkeitsnah darzustellen. Die aufwändigen Datenbrillen können auch durch stereoskopische Projektionssysteme, vergleichbar mit dem 3D-Kino, ersetzt werden. So ist der Zugang auch für mehrere Benutzer gleichzeitig möglich.

---

[36] vgl. (Borrmann, Liebich, & Juli, 2011) Seite 37-38 und (KIT, 2012) Seite 41-42
[37] (Wimmer & Reif, 2011) Seite 83

Eine weitere Visualisierungsmöglichkeit wird mit dem Begriff Augmented Reality beschrieben. Dabei werden virtuelle Daten mit Hilfe einer Datenbrille oder mittels HeadUp-Displays in die reale Welt projiziert. So wird die Visualisierung der architektonischen Einbindung in die Umgebung oder auch die Darstellung von Innenausstattungsvarianten schon während der Rohbauphase möglich. Baumaschinenführer können durch die Einbindung von Plandaten in Displays unterirdische Leitungen besser erkennen oder Soll-Werte des Aushubs visualisiert bekommen.[38]

Soll-Ist-Vergleiche

Wichtig bei der Erstellung von Bauwerken ist die Konformität zwischen Planung und Ausführung. Zu deren Überprüfung gibt es drei wesentliche Vergleiche des Soll- mit dem Ist-Zustand: der geometrische Soll-Ist-Vergleich, die Baufortschritts- sowie die Kostenkontrolle.

Beim geometrischen Soll-Ist-Vergleich wird die korrekte Lage des Gebäudes oder Bauteils überprüft, es können die Qualitäten kontrolliert oder auch die Vollständigkeit der ausgeführten Bauteile nachvollzogen werden. Dies erfolgt mittels 3D-Laserscanning, welches ein sehr viel schnelleres und ebenso genaues Verfahren zur Geometrieüberprüfung ist, wie das klassische Aufmessen mit Zollstock, Maßband, Nivellement, Digital-Nivellement oder elektronischem Distanzmesser. Das somit erfasste 3D-Ist-Modell kann dann direkt mit dem in der Planung erstellten Soll-Modell verglichen werden. Eine weitere Möglichkeit des geometrischen Soll-Ist-Vergleichs ist die mit Hilfe von Augmented Reality (vgl. Punkt Visualisierung Kapitel 3.3.2). Dabei wird mittels einer Software ein in der Wirklichkeit aufgenommenes Bild, in das in der Planung erstellte 3D-Modell gelegt. So wird beispielsweise die sich setzende Überhöhung einer Brücke mit der virtuell erstellten Tragwerksplanung verglichen. Auf die Parameter der Bildaufnahme wird im Rahmen der Untersuchungen nicht weiter eingegangen, jedoch ist festzustellen, dass das Bildaufnahmeverfahren auch durchaus bei schlechtem oder staubigem Wetter möglich ist.

Die Baufortschrittskontrolle erfolgt nach der Verknüpfung des 3D-Gebäudemodells mit der Terminplanung. Der so entstandene virtuelle Bauablauf simuliert die Ausführungsphase bereits während der Planung. Im Simulationsmodell wird mit einer verschiedenfarbigen Kennzeichnung der Bauteile eine übersichtliche Visualisierung der Ausführung erzeugt. Damit kann jeder Projektbeteiligte zu jedem Zeitpunkt des Baus die Planung mit der Realität auf der Baustelle vergleichen. Abweichungen zur Terminplanung werden schnell erkannt und können durch geeignete Maßnahmen gegengesteuert werden.

Die Überprüfung der Soll- und Ist-Kosten ist, wie bereits 1993 von Böllmann festgestellt, "eine vertragliche Hauptpflicht des Architekten durch alle Leistungsphasen hindurch."[39] Dies wird durch die Fortschreibung der HOAI 20 Jahre später erneut bestätigt, da diese eine "durchgängige Kostenverfolgung"[40] fordert. Durch die sehr genaue

---

[38] vgl. (Wimmer & Reif, 2011) Seite 82-85
[39] (Böllmann, 1993) Seite 162
[40] (BMWi, 2013) Seite 162

Bestimmung der Baukosten mit Hilfe von BIM (vgl. Punkt Baukostenermittlung Kapitel 3.3.1) lassen sich schon in der Planungsphase präzise die Ausführungskosten voraussagen. Sofern es zu einer Abweichung während des Baus kommt, können die Gründe hierfür eruiert werden (z.B. fehlerhafte Abrechnung des Unternehmers). Generell ist eine erhöhte Kostentransparenz gegenüber dem Bauherrn möglich, da das Nachtragspotential durch erhöhte Mengen oder eine fehlerhafte Ausschreibung deutlich mit BIM gesenkt werden kann.

Fertigteilherstellung mit BIM

Die Verwendung von 5D-Software in Fertigteilwerken ist ein weiterer Nutzen von BIM und wird unter dem Begriff "Computer-aided manufacturing" (CAM) gebündelt. Die in der Planung erstellten Bauwerksmodelle werden auf einzelne Bauteile herunter gebrochen und direkt, oder nach Konvertierung, in die jeweiligen Produktionsmaschinen eingelesen. Somit ist eine effektive und individuelle Fertigung von zum Beispiel Holzkonstruktionen, Betonstahlmatten oder Bewehrungskörben möglich.

Wichtig hierbei ist die frühe Einbindung von Fertigteilwerken in die Planung, damit die Potentiale und Möglichkeiten der vorhandenen Produktionsmaschinen effizient ausgenutzt werden können. Hierbei ist wieder die These "unter BIM ist nicht nur die Erstellung eines dreidimensionalen Gebäudemodells, sondern die Einführung eines integrierten Planungsprozesses zu sehen." Dadurch ist es möglich, bereits von der Planungsseite her eine Bauwerksgeometrie zu entwerfen, die einen hohen Grad an Fertigteilen ermöglicht, um eine wirtschaftliche und termingerechte Ausführung zu bewirken.

Die Nutzung des durchgängigen, virtuellen Gebäudemodells würde in den Fertigteilwerken deren Prozesse nachhaltig verkürzen, da nicht, wie derzeit üblich, aus 2D-Plänen 3D-Ausführungsmodelle erzeugt werden müssten. Die Daten des 3D-Models können direkt für die Steuerung von Schweißrobotern oder Fräsen genutzt werden.[41]

---

[41] vgl. (Neuberg, 2011) Seite 93-102

3.4 Vergleich von 2D zu BIM (5D)

Zwischen den beiden Planungsmethoden der klassischen 2D-Planung zur integrierten 5D-Planung mittels BIM bestehen einige Unterschiede. Die wesentlichsten Punkte werden in nachfolgender Tabelle erläutert:

2D-Planung	5D-BIM-Planung
Räumliche Ausdehnung des Modells	
Zweidimensional: z.B. X- und Y- Koordinate im kartesischen Koordinatensystem.	Dreidimensional: X-, Y und Z-Koordinate im kartesischen Koordinatensystem.
Technische Voraussetzungen	
Die 2D-Planung erfolgte traditionell mit Tusche auf Papier und wird heute noch vereinzelt so angewandt. Ab Mitte der 80er Jahre wurden CAD-PC-Programme für die virtuelle Planzeichnung verwendet. Die CAD-Pläne werden mit Druckern oder Plotter in die Realität übertragen.	Umfangreiche Software und Hardwarevoraussetzungen sind für die 5D-Planung notwendig. Hier wird ebenso für die Übertragung von Planauszügen in die Realität ein Drucker oder Plotter benötigt. Neuere Lösungen sehen eine papierlose Übertragung auf Tablet-PCs vor.
Vorgehensweise	
Die Objekte werden zweidimensional auf einer Ebene im CAD-Programm oder auf dem Papier erzeugt. Die unterschiedlichen Pläne ergeben in Gesamtheit die Planung des Bauwerks.	Die Bauteile werden dreidimensional mit Hilfe einer 3D-Konstruktionssoftware modelliert. Das so entstehende virtuelle Bauwerksmodell ergibt die Planung des Bauwerks.
Darstellung	
Das Bauwerk wird mit Hilfe von Grundrissen, Schnitten, Ansichten sowie Detailzeichnungen dargestellt. Dabei muss jeder einzelne Plan separat erstellt werden. Eine räumliche Betrachtung des Bauwerkes ist nicht möglich.	Das Bauwerk wird dreidimensional im Modell dargestellt. Es ist zudem möglich an jeder beliebigen Stelle des Bauwerkes eine Schnittführung anzuordnen, was einen zweidimensionalen Modellauszug in Form von Grundrissen, Schnitten, Ansichten und Detailzeichnungen ermöglicht. Die 3D-Darstellung ermöglicht die räumliche Betrachtung des Bauwerkes.
Arbeitsweise	
Die reine Planerstellung kann vergleichsweise sehr schnell erfolgen. Jedoch ist die Überarbeitung bei Änderungen sehr aufwändig, da alle betroffenen Pläne einzeln angepasst werden müssen.	Die Erstellung des Gebäudemodells ist sehr aufwändig, was jedoch in der späteren Planungsphase durch einfache Anpassung des Modells bei Änderungen oder Auswertungen, im Gegensatz zu der 2D-Arbeitsweise zeitlich kompensiert wird.

Arbeitsaufwand	
Der Arbeitsaufwand ist nach HOAI für die jeweiligen Leistungsphasen geregelt. Die prozentualen Anteile des Honorars können aufwandsmäßig übertragen werden. So ist der Aufwand der Entwurfsplanung (LPH 3) beispielsweise 11 %[42] der gesamten Leistungsphasen 1-9.	Bei der Planung mittels BIM verschiebt sich der Arbeitsaufwand in der Planung nach vorn, da die Erstellung des Gebäudemodells sehr viel Zeit in Anspruch nimmt. Der Aufwand in den folgenden Leistungsphasen wird jedoch geringer, da sich durch die in Kapitel 3.3 beschriebenen Chancen durch BIM Auswertungen leichter genieren lassen, die Verknüpfung mit Ressourcen möglich ist und zudem Fachplaner von dem erstellten Gebäudemodell profitieren. Der Haupt-Arbeitsaufwand liegt dabei zeitlich in der LPH 2-3, was in Kapitel 4.3 eingehender beschrieben wird.
Fehleranfälligkeit	
Gerade bei Planungsänderungen ist das zeichnungsorientierte Planen sehr anfällig für Fehler. Jeder betroffene, einzeln und separat erstellte Plan muss geändert werden. Zudem müssen Auswertungen, wie die Mengenermittlung mühsam händisch oder mit Hilfe von Mess-Tools in den CAD-Programmen erstellt werden. Eine automatische Anpassung dieser Daten erfolgt nicht, was bei einer Variantenuntersuchung ein enormer Aufwand bedeutet. Gerade im Bezug auf die Ausschreibung und die verschiedenen Kostenauswertungen nach HOAI sind exakt ermittelte Mengenwerte sehr bedeutend. Im Bereich des Datenaustausches bestehen teilweise noch Umwandlungsschwierigkeiten zwischen verschiedenen CAD-Programmen, weshalb die Pläne bei einem Austausch zwingend gegengeprüft werden müssen.	Planungsänderungen können ohne Probleme in das virtuelle Gebäudemodell eingegeben werden. Die Software aktualisiert dann automatisch die verschiedenen Auswertungen, wie Mengenermittlung, Türliste, usw. So können schnell verschiedene Variantenuntersuchungen vor allem im Bereich der Bauklimatik oder der verwendeten Baustoffe generiert werden. Die Fehleranfälligkeit des Gebäudemodells ist diesbezüglich als gering zu sehen. Im Bereich der Datenübertragung ist wie in der 2D-Planung noch ein standardisiertes Austauschformat weiter zu entwickeln, da es bei dem derzeitigen Datenaustausch zwischen zwei verschiedenen Programmen zu Konvertierungsschwierigkeiten kommen kann.

---

[42] vgl. (HOAI, 2009) § 33

Verknüpfung mit Daten	
In der 2D-Planung ist lediglich eine statische Darstellung von Daten auf dem jeweiligen Plan möglich. Die weitere Nutzung der eingegebenen Daten für Auswertungen oder ähnliches ist nicht gegeben. Auch hier ist die Änderung der eingegebenen Daten problematisch, da diese bei allen Plänen durchgeführt werden muss.	Bei der BIM-Planung kann das 3D-Gebäudemodell um die Terminplanung (4D) sowie die Kostenplanung/Kalkulation (5D) erweitert werden. Somit ist einerseits eine Simulation des Bauablauf bereits in der Planung möglich, andererseits die genaue Vorhersage der zu erwartenden Kosten. Die Baukostenberechnung erfolgt dabei automatisiert innerhalb weniger Schritte, da die auszuführenden Mengen direkt aus dem Modell von der Software ermittelt werden. Die Bauteilbezeichnung erfolgt dynamisch, wodurch Auswertungen zu bestimmten Bauteilen einfach möglich sind. Die Veränderung der eingegebenen Daten kann einzeln, sowie zusammenhängend über mehrere Elemente erfolgen.
Anpassungsfähigkeit des Modells	
Durch die statische Eingabe der Daten sowie dem separaten Zeichnen der einzelnen Pläne ist eine Anpassungsfähigkeit der gesamten Planung nicht gegeben. Einzelne Zeichnungen können jedoch einfach geändert werden. Sofern diese Änderungen keine Auswirkungen auf andere Zeichnungen haben, erfolgt dies schnell, ansonsten nur mit viel Aufwand verbunden.	Wird in dem virtuellen Gebäudemodell etwas verändert, hat dies direkt Auswirkungen auf die Mengenermittlung, die Baukosten sowie die Terminplanung. Diese Anpassung erfolgt automatisch mit Hilfe der Software, wodurch eine größtmögliche Anpassungsfähigkeit der gesamten Planung gegeben ist.
Kosten	
Die einfachste Variante mittels Stift und Papier kann für wenig monetären Aufwand gekauft werden. Für CAD-Lösungen ist entsprechende Hard- und Software anzuschaffen, die ab ca. 6.000 € für eine Einzelplatzlizenz verfügbar ist. Drucker und Plotter sind hierbei nicht erfasst.	BIM-Lösungen benötigen leistungsfähige Hard- und Softwarevoraussetzungen. Eine Einzelplatzlizenz kostet ca. ab 8.000 € inkl. der nötigen Hardware, jedoch ohne Drucker oder Plotter.

Übertragung der Daten	
Schlechtestenfalls werden die Pläne im PDF-Format oder in Papierform vom Architekten an die jeweiligen Fachplaner übergeben. Beim Einlesen dieser Pläne kann eine hohe Fehleranzahl in der Planung entstehen. Zurzeit wird meist mit einer Planverwaltungsplattform gearbeitet, in der die jeweiligen Pläne hochgeladen und an die entsprechenden Nutzer verteilt werden. Der Austausch von Plänen zwischen verschiedenen Softwareprodukten gestaltet sich, wie im Punkt Fehleranfälligkeit beschrieben, als noch nicht standardisiert, wodurch mangelhafte Pläne übertragen werden können. Einzelne CAD-Pläne haben eine relativ geringe Größe, weshalb diese problemlos per E-Mail verschickt werden können.	Die Arbeit am Gebäudemodell erfolgt bestenfalls zentralisiert an einem Modell. So können Konvertierungsprobleme vermieden werden. Jedoch muss hierfür ein großer technischer Standard bei den beteiligten Planern vorhanden sein. Zurzeit wird das Gebäudemodell meist vom Architekten an die jeweiligen Fachplaner verteilt, was die Vorzüge eines zentralen Modells, beispielsweise die sofortige Anpassung aller bauwerksrelevanten Daten, leider nicht ausnutzt. Zudem gestaltet sich die Übertragung des BIM-Models als schwierig, da sehr große Datenmengen in einer Datei übertragen werden müssen. Auch zwischen den einzelnen Softwarelösungen bestehen noch Konvertierungsprobleme, die mit einem standardisierten Dateiaustauschformates der Industry Foundation Classes (IFC) gelöst werden sollen.

Tabelle 2 - Unterschiede zwischen 2D- und 5D-BIM-Planung

Tabelle 2 stellte die hauptsächlichen Unterschiede zwischen der traditionellen und der BIM-Planung dar. Als generelle Gemeinsamkeit bleibt bei beiden Planungsmethoden natürlich die kreative Entwurfsarbeit des Planers im Vordergrund. Auch das Ziel der beiden Planungsmethoden, bekanntermaßen das Herstellen einer mangelfreien Planung zur Errichtung eines Bauwerkes ist bei beiden Methoden gleich. Jedoch sind die Methoden zur Zielerreichung bei diesen Planungsverfahren unterschiedlich.

Gerade im Hinblick auf die Datendurchgängigkeit bestehen große Unterschiede zwischen den zwei Verfahren. Während es in der traditionellen Projektabwicklung meistens Schnittstellen zwischen den Projektphasen gibt, verknüpft die integrierte Planungsmethode mit BIM die Informationen zwischen den Abschnitten des Projektes. Hierzu ein Beispiel: Sofern ein Architekt mit den Leistungsphasen 1-4 sowie 6-7 beauftragt ist, also die Ausführungsplanung der Unternehmer erstellen soll, kommt es in der klassischen Projektabwicklung zwischen Entwurfs- und Ausführungsplanung zu einer ersten Schnittstelle. Meist gehen hier viele Daten verloren, die vom mit der Ausführungsplanung beauftragten Unternehmer wieder ermittelt werden müssen. Diesen Bruch würde es bei einer integrierten Projektabwicklung nicht geben, da der entwerfende Architekt das virtuelle Gebäudemodell direkt an den Bauunternehmer weiter gibt. In dem Gebäudemodell sind alle bauwerksrelevanten Daten und Dokumente gespeichert, wodurch der nachfolgende Projektbeteiligte den gleichen Informationsstand besitzt, den der vorangestellte Beteiligte erzeugt hat.

Diese Schnittstellenbrüche können bezogen auf die Projektphasen "Entwurf", "Planung"[43], "Bau" und "Betrieb" eines Gebäudes zwischen jeder Phase auftreten. Ein wesentlicher Vorteil der durchgängigen, integrierten BIM-Planung ist der stetige Informationszuwachs zwischen den Projektphasen, ohne Daten bei Schnittstellen zwischen den Bearbeitern des Projektes zu verlieren. Die nachfolgende Abbildung visualisiert diese Problematik:

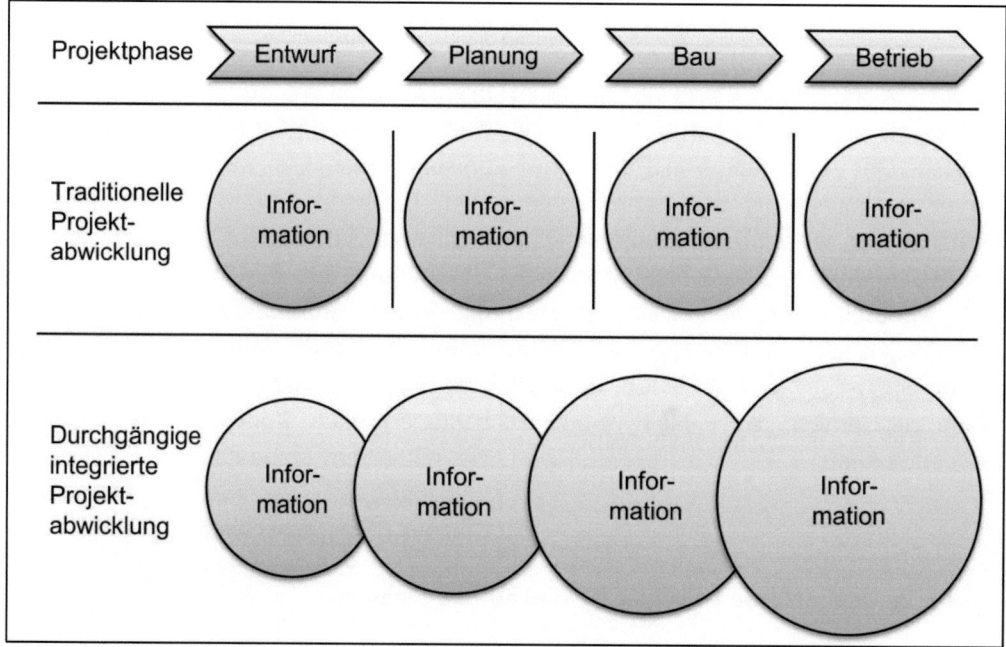

Abbildung 5 - Traditionelle und durchgängige Projektabwicklung[44]

---

[43] hier Ausführungsplanung
[44] vgl. (Willberg, Baumgärtel, & Klaubert, 2011) Seite 9

3.5 Einbindung vom BIM in die HOAI

3.5.1 Neuerungen der HOAI 2013 gegenüber der HOAI 2009 und die Vereinfachung der Leistungserbringung durch BIM

In diesem Abschnitt wird davon ausgegangen, dass die HOAI nicht nur als Preisrecht vereinbart wird, was bekanntlich gesetzlich vorgeschrieben ist, sondern auch die zu erbringenden Leistungen des Planers den Leistungen der Leistungsphasen der HOAI entsprechen. Es wird dabei nur auf das Leistungsbild Gebäude und raumbildende Ausbauten eingegangen, da dieser Abschnitt verdeutlichen soll, welche Möglichkeiten im Bezug auf die zu erbringenden Leistungen der Leistungsphasen der HOAI mit BIM bestehen. Eine Anwendung von BIM in anderen Leistungsbildern ist natürlich ebenfalls möglich und würde zu ähnlichen Vereinfachungen in der Planung führen.

Die folgenden Tabellen stellen Auszüge der Leistungsphasen 1-7 im Leistungsbild Gebäude und raumbildende Ausbauten dar. Den Textauszügen der beiden Honorarordnungen sind die entsprechenden Aufzählungsbuchstaben, welche aus dem Originaltext übernommen wurden, zur besseren Zuordnung vorangestellt. Die Chancen durch eine Planung mit BIM werden einerseits für die gleichgebliebenen Leistungen nach HOAI 2009[45] und vorläufiger HOAI 2013[46], andererseits aber auch für die unterschiedlichen Leistungen der jeweiligen Verordnungstexte dargestellt. Die Funktionen der 5D-BIM-Planung wurden bei dem Softwarehersteller Nemetschek recherchiert.[47] Die Neuerungen der HOAI 2013 gegenüber der Version 2009 sind *kursiv* gekennzeichnet.

Im Anschluss an die Tabellen der LPH 1-7 sind die Kurzfassungen der Chancen durch BIM in einer Legende erläutert.

---

[45] vgl. (HOAI, 2009)
[46] vgl. (BMWi, 2013)
[47] Informationen hierzu wurden auf der Internetseite http://www.nemetschek-allplan.de/ und von Informationsprospekten entnommen, als auch durch das Fachseminar "zur HOAI Novellierung 2013" am 24.04.2013 in München bestätigt.

LPH 1 - Grundlagenermittlung		
Grundleistungen		
HOAI 2009	**HOAI 2013**	**BIM Chancen**
a) Klären der Aufgabenstellung	a) Klären der Aufgabenstellung *auf Grundlage der Vorgaben oder der Bedarfsplanung des Auftraggebers*	(1) Genaue Baukostenplanung und Mengenermittlung - Hierbei muss der Planer auch auf wirtschaftliche Rahmenbedingungen des Bauvorhaben nach HOAI 2013 eingehen.[48] - Die umgangssprachliche "Macht der ersten Zahl" hat dabei große Auswirkungen auf den Projektverlauf, da der Bauherr meist in der LPH 1 das Budget für das Bauvorhaben bereit stellt; hierbei können durch BIM genaue Aussagen getroffen werden.
d) Zusammenfassen der Ergebnisse	e) Zusammenfassen, *Erläutern und Dokumentieren* der Ergebnisse	(2) Schnelle Dokumentation - Gleiches gilt auch für die LPH 2 und 3, in denen ebenso die Leistungen von Punkt e) HOAI 2013 zu erbringen sind.[49]

Tabelle 3 - Vereinfachung der Leistungserbringung durch BIM LPH 1

Die Tabelle 3 verdeutlicht, dass durch BIM bereits in der Grundlagenermittlung Leistungen vereinfacht werden können. Hierbei ist jedoch auch der höhere Aufwand der 3D-Gebäudemodellierung einzubeziehen, welcher, wie in Kapitel 4.3.2 beschrieben, vor allem in den Leistungsphasen 1-2 erbracht werden muss.

Auch in den anderen Leistungsphasen der HOAI 2009 bzw. 2013 kann BIM einen großen Einfluss haben, was die folgenden Tabellen der Leistungsphasen 2-3 verdeutlichen.

---

[48] vgl. (Scholtissek, 2013) Seite 49
[49] vgl. (BMWi, 2013) Seite 162

LPH 2 - Vorplanung		
Grundleistungen		
HOAI 2009	**HOAI 2013**	**BIM Chancen**
e) Integrieren der Leistungen anderer an der Planung fachlich Beteiligter	a) (...), *Abstimmen der Leistungen mit den fachlich an der Planung Beteiligten* e) *Bereitstellen der Arbeitsergebnisse als Grundlage für die anderen an der Planung fachlich Beteiligten sowie Koordination und Integration deren Leistungen*	(3) Zentrales Gebäudemodell - Der Punkt a) HOAI 2013 wiederholt sich in LPH 3 HOAI 2013, wodurch sich die Relevanz des zentralen Gebäudemodells bestätigt. (4) Integrierung Fachplaner - Die Integration anderer Fachplaner erfolgt auch in LPH 3, als Grundleistung in der HOAI 2009, was in der HOAI 2013 bestehen bleibt. (5) Vermeidung von Informationsverlusten
d) (...) Untersuchung der alternativen Lösungsmöglichkeiten (...)	c) (...) Untersuchen, Darstellen und Bewerten von Varianten (...)	(6) Einfache Variantenvergleiche
f) (...) Erläutern der (...) städtebaulichen, gestalterischen, (...), Zusammenhänge	d) (...) Erläutern der (...) Zusammenhänge, (...) (z.B. städtebauliche, gestalterische, (...)	(7) 3D-Visualisierung
i) Kostenschätzung nach DIN 276 oder nach dem wohnungs-rechtlichen Berechnungsrecht	g) Kostenschätzung nach DIN 276, *Vergleich mit den finanziellen Rahmenbedingungen*	(1) Genaue Baukostenplanung und Mengenermittlung - In der neuen HOAI 2013 wurde die Grundleistung durch die Leistung Kostenvergleich ergänzt. Es soll dadurch eine transparente Kostenüberprüfung und -verfolgung über den gesamten Planungsprozess möglich sein.[50]

---

[50] vgl. (BMWi, 2013) Seite 162

Besondere Leistungen		
	Untersuchen alternativer Lösungsansätze nach verschiedenen Anforderungen, einschließlich Kostenbewertung	(6) Einfache Variantenvergleiche
	3-D oder 4-D Gebäudemodellbearbeitung (Building Information Modelling BIM)	- Im Bezug auf BIM und der Einbindung in das Preisrecht der HOAI interessanteste Neuerung der HOAI 2013. In Kapitel 4.3.5 wird näher darauf eingegangen.
	Aufstellen einer vertieften Kostenschätzung nach Positionen einzelner Gewerke	(8) Verschiedene Kostenauswertungen
	Aufstellen von Raumbüchern	(9) Raumbücher

Tabelle 4 - Vereinfachung der Leistungserbringung durch BIM LPH 2

Gerade in Leistungsphase 2, welche in Tabelle 4 dargestellt wurde, ergeben sich sowohl in den Grundleistungen, als auch in den besonderen Leistungen der HOAI vielfältige Anwendungsmöglichkeiten der BIM-Planung. Allerdings ist die Erstellung des 3D-Gebäudemodells Grundlage für die verschiedenen Auswertungsmöglichkeiten. Es ist also erforderlich, bereits in LPH 2 ein aussagekräftiges Bauwerksmodell zu erstellen und die nachgelagerten Anforderungen der Grund- und besonderen Leistungen bearbeiten zu können. Wie in Abbildung 3 dargestellt, ist der Anteil der LPH 2 lediglich 7 % der gesamten Planungsleistung und dementsprechend unzureichend bezogen auf die Honorare gedeckt, da ein Hauptteil der Leistung bereits in dieser frühen Planungsphase erstellt wird.

In der darauffolgenden Leistungsphase 3 wird das Gebäudemodell weiter spezifiziert und beispielsweise mit Ausstattungsmerkmalen versehen. Diese frühe Festlegung von detaillierten Eigenschaften des Bauwerkes ergibt einen Kostenvorteil der BIM-Planung gegenüber der traditionellen Planung. Bei der klassischen Planung werden diese Eigenschaften meistens erst kurz vor der Ausführung festgelegt oder geändert, was zu Mehrkosten in der Bauphase führt. Im Gegensatz dazu werden bei der BIM-Planung sehr früh viele Daten eingebracht, was die Beeinflussbarkeit der Folgekosten erhöht. Eine Visualisierung hierzu stellt Abbildung 11 dar. Nachfolgend werden die BIM-Chancen in der Leistungsphase 3 dargestellt.

LPH 3 - Entwurfsplanung		
Grundleistungen		
HOAI 2009	**HOAI 2013**	**BIM Chancen**
d) Zeichnerische Darstellung des Gesamtentwurfs, zum Beispiel durchgearbeitete, vollständige Vorentwurfs- und /oder Entwurfszeichnungen (...)	a) (...) *Zeichnungen nach Art und Größe des Objektes im erforderlichen Umfang und Detaillierungsgrad unter Berücksichtigung aller fachspezifischen Anforderungen*	(10) 3D-Gebäudemodell
f) Kostenberechnung nach DIN 276 oder nach den wohnungsrechtlichen Berechnungsrecht	e) Kostenberechnung nach DIN 276 *und Vergleich mit der Kostenschätzung*	(1) Genaue Baukostenplanung und Mengenermittlung (8) Verschiedene Kostenauswertungen
Besondere Leistungen		
Analyse der Alternativen/Varianten und deren Wertung mit Kostenuntersuchung (Optimierung)	Analyse der Alternativen/Varianten und deren Wertung mit Kostenuntersuchung (Optimierung)	(6) Einfache Variantenvergleiche

Tabelle 5 - Vereinfachung der Leistungserbringung durch BIM LPH 3

Die Möglichkeiten der BIM-Planung in LPH 4 können nur ausgeschöpft werden, sofern die Genehmigungsmethode ebenfalls BIM-Methoden, insbesondere die Übermittlung und Bearbeitung der Eingabeplanung in Form eines 3D-Modells unterstützt. Zur besseren Visualisierung der Einbindung des Gebäudes in das städtebauliche Umfeld eignet sich die 3D-Darstellungfunktion der BIM-Software hervorragend. Diese Illustration des Gebäudes kann zudem für die Einholung der nachbarschaftlichen Zustimmung verwendet werden.

LPH 4 - Genehmigungsplanung		
Grundleistungen		
HOAI 2009	HOAI 2013	BIM Chancen
a) Erarbeiten der Vorlagen für die nach den öffentlich-rechtlichen Vorschriften erforderlichen Genehmigungen oder Zustimmungen (...)	a) Erarbeiten *und Zusammenstellen der Vorlagen und Nachweise* für öffentlich-rechtliche Genehmigungen oder Zustimmungen (...)	(7) 3D-Visualisierung (10) 3D-Gebäudemodell
Besondere Leistungen		
Mitwirken bei der Beschaffung der nachbarlichen Zustimmung	Mitwirken bei der Beschaffung der nachbarlichen Zustimmung	(7) 3D-Visualisierung

Tabelle 6 - Vereinfachung der Leistungserbringung durch BIM LPH 4

LPH 5 - Ausführungsplanung		
Grundleistungen		
HOAI 2009	HOAI 2013	BIM Chancen
b) Zeichnerische Darstellung des Objekts mit allen für die Ausführung notwendigen Einzelangaben (...)	b) *Ausführungs-, Detail- und Konstruktionszeichnungen nach Art und Größe des Objekts im erforderlichen Umfang (...)*	(10) 3D-Gebäudemodell
d) Erarbeiten der Grundlagen für die anderen an der Planung fachlich Beteiligten und Integrierung ihrer Beiträge bis zur ausführungsreifen Lösung	c) *Bereitstellen der Arbeitsergebnisse* als Grundlage für die anderen an der Planung fachlich Beteiligten, *sowie Koordination und Integration deren Leistungen*	(3) Zentrales Gebäudemodell (4) Integrierung Fachplaner (5) Vermeidung von Informationsverlusten

Tabelle 7 - Vereinfachung der Leistungserbringung durch BIM LPH 5

Sofern die Ausführungsplanung (vgl. Tabelle 7) von dem ausführenden Unternehmen erstellt wird, kann mit Hilfe von BIM die Schnittstelle von Planung und Ausführung entschärft werden. BIM ermöglicht eine durchgängige Informationsweitergabe bei einer Projektverwaltungslösung über Projektserver (vgl. Produktmodell-Server Kapitel 5.3.3).

LPH 6 - Vorbereitung der Vergabe		
Grundleistungen		
HOAI 2009	**HOAI 2013**	**BIM Chancen**
a) Ermitteln und Zusammenstellen von Mengen als Grundlage für das Aufstellen von Leistungsbeschreibungen unter Verwendung der Beiträge anderer an der Planung fachlich Beteiligter	b) (...) Ermitteln und Zusammenstellen von Mengen auf Grundlage der *Ausführungsplanung* unter Verwendung der Beiträge anderer an der Planung fachlich Beteiligter	(1) Genaue Baukostenplanung und Mengenermittlung (3) Zentrales Gebäudemodell (4) Integrierung Fachplaner
b) Aufstellen von Leistungsbeschreibungen mit Leistungsverzeichnissen nach Leistungsbereichen	b) Aufstellen von Leistungsbeschreibungen mit Leistungsverzeichnissen nach Leistungsbereichen(...)	(11) Erstellen von Leistungsverzeichnissen
	d) *Ermitteln der Kosten auf Grundlage vom Planer bepreister Leistungsverzeichnisse* e) *Kostenkontrolle durch Vergleich der vom Planer bepreisten Leistungsverzeichnisse mit der Kostenberechnung*	(9) Verschiedene Kostenauswertungen (11) Erstellen von Leistungsverzeichnissen - In der neuen HOAI 2013 ist auch hier der Grundsatz der durchgängigen Kostenverfolgung zu erkennen. Diese kann effektiv mit BIM Software durchgeführt werden. Außerdem können mit AVA-Tools bepreiste Leistungsverzeichnisse erstellt werden, die voraussichtlich in der neuen HOAI als Grundleistung in die LPH 6 aufgenommen werden.

Besondere Leistungen		
Aufstellen von vergleichenden Kostenübersichten unter Auswertung der Beiträge anderer an der Planung fachlich Beteiligter	Aufstellen von vergleichenden Kostenübersichten unter Auswertung der Beiträge anderer an der Planung fachlich Beteiligter	(9) Verschiedene Kostenauswertungen

Tabelle 8 - Vereinfachung der Leistungserbringung durch BIM LPH 6

Die größten Potentiale der BIM-Planung ergeben sich in der Leistungsphasen 6 zur effektiven Erbringung der geforderten Leistung. Einfache Mengenauswertungen und die Festlegung der Bauteileigenschaften in den frühen Planungsphasen ermöglichen eine sehr schnelle Ausschreibung der auszuführenden Leistungen. Leistungsverzeichnisse werden direkt auf Grundlage des Gebäudemodells erstellt, wobei die Ausführungsmengen automatisch ermittelt werden können. Das Leistungsverzeichnis muss, sofern das gesamte Bauwerk im Modell abgebildet wurde, nur noch durch allgemeine Vertragsbestimmungen ergänzt werden.

Die Verknüpfung des Gebäudemodells mit Baupreisdaten und das dadurch erstehende bepreiste Leistungsverzeichnis werden zum Vergleichen der Angebote der Ausführung genutzt. Hierbei ist es möglich, unterdeckte oder spekulative Angebotspreise zu ermitteln, was für eine wirtschaftliche Prüfung des Angebotes unerlässlich ist.

LPH 7 - Mitwirkung bei der Vergabe		
Grundleistungen		
HOAI 2009	HOAI 2013	BIM Chancen
	g) *Vergleichen der Ausschreibungsergebnisse mit den vom Planer bepreisten Leistungsverzeichnissen oder der Kostenberechnung*	(9) Verschiedene Kostenauswertungen

Tabelle 9 - Vereinfachung der Leistungserbringung durch BIM LPH 7

Die anschließende Tabelle erläutert die in Kurzform dargestellten BIM-Chancen der Leistungsphasen 1-7 ausführlich. Die Informationen über die Leistungsfähigkeit der BIM-Software wurden beim Softwarehersteller Nemetschek recherchiert. Diese werden durch die in Kapitel 3.3 dargestellten Chancen durch BIM bestätigt. Andere Softwarehersteller bieten übereinstimmende Funktionen von deren BIM-Programmen an.

BIM-Chance	Erläuterung
(1) Genaue Baukostenplanung und Mengenermittlung	Die Baukostenermittlung ist eine sehr elementare Aufgabe der Bauplanung. Bereits in Leistungsphase 1 können nach der Erstellung eines groben Bauwerkmodells und Ermittlung der modellierten Mengen durch Verknüpfung mit Baukostenkennzahlen die erwarteten Baukosten, der Leistungsphase entsprechend, genau berechnet werden. Im späteren Verlauf wird die Mengenermittlung immer genauer durch die weitere Erstellung und Detaillierung des Gebäudemodells. Dadurch sind dann auch sehr exakte Voraussagen der Baukosten möglich. Die Mengenermittlung ist dabei weitgehend automatisiert. Die Nachvollziehbarkeit der Mengen kann dabei grafisch im Gebäudemodell visualisiert werden oder inklusive Rechenweg (wie in klassischen Aufmaßblättern) mit Angabe der Lage VOB-gerecht übergeben werden.
(2) Schnelle Dokumentation	Mit Hilfe der BIM-Planungssoftware können innerhalb weniger Schritte Dokumentationsunterlagen der Projektkosten und Leistungsumfänge des Bauprojektes erstellt werden.
(3) Zentrales Gebäudemodell	Durch ein zentral hinterlegtes, virtuelles Gebäudemodell können alle Fachplaner, je nach Zugriffsstatus, direkt am Projekt arbeiten und haben dadurch alle relevanten Informationen zur Verfügung. Die Abstimmung und Kommunikation unter den Planern wird dadurch erheblich verbessert.
(4) Integrierung Fachplaner	Das gemeinsame Datenmodell ermöglicht die Integrierung der Planungen der einzelnen Fachplaner.
(5) Vermeidung von Informationsverlusten	Über ein Projektmanagement-Tool ist es möglich, den kompletten Schriftverkehr zentral zu organisieren, so kann ein Informationsverlust vermieden werden. Hierdurch entsteht eine lückenlose Dokumentation des Schriftverkehrs und Dokumentenaustausches.
(6) Einfache Variantenvergleiche	Durch beispielsweise Veränderungen am Tragwerk, der Außenschale oder der Bauwerksgeometrie können sich viele Varianten der Ausführung ergeben. Diese mengenmäßig auszuwerten und im Anschluss dessen die Kosten zu bestimmen, ist sehr aufwändig und zeitraubend. BIM-Software bestimmt automatisch während der Erstellung einer Variante die auszuführenden Mengen und kann somit effizient mehrere Ausführungsarten monetär und mengenmäßig auswerten sowie ausgeben.

(7) 3D-Visualisierung	Da schon das Gebäudemodell an sich in 3D modelliert wird, können sehr einfach Visualisierungen erstellt werden. Die Einbindung in das städtebauliche Umfeld, die Gebäudegröße und die Funktionalität sowie Anbindung des Bauwerkes können dadurch auch von Nicht-Baufachleuten wahrgenommen und verstanden werden. Diese Visualisierungen sind ebenfalls sehr wichtig in Bezug auf die öffentliche Akzeptanz oder der Vorstellung des Projektes bei angrenzenden Nachbarn oder der Genehmigungsbehörde.
(8) Verschiedene Kostenauswertungen	Die Gliederung der Kosten ist in der BIM Software nicht nur nach DIN 276 möglich, sondern auch gewerkeweise oder auch positionsweise. Die Auswertung erfolgt schnell und kann schon in einer frühen Planungsphase einen hohen Detaillierungsgrad aufweisen. Durch die automatische Ermittlung der Mengen und Kosten kann beim Planer viel Zeit gespart werden.
(9) Raumbücher	Nach erfolgter Dateneingabe während der Planung können jederzeit, auch nach Gebäudemodelländerungen, aktuelle Raumbücher beziehungsweise ein komplettes Gebäudebuch automatisch erstellt werden.
(10) 3D-Gebäudemodell	Das dreidimensionale Gebäudemodell ist Grundlage des Building Information Modeling. Der Zeitpunkt der Erstellung ist abhängig von der Honorarvereinbarung mit dem Planer (siehe 4.3.2 und 4.3.5). Das Modell kann auch bei aufwändigen Gebäuden sehr schnell mit einen bauteilbezogenen Assistenten, welcher viele Vorlagen von Bauteilen beinhaltet, erzeugt werden. Eine Ausgabe von 2D-Plänen ist innerhalb weniger Schritte möglich; Schnitte, Details und Grundrisse können im Gebäudemodell beliebig gesetzt werden. Somit lassen sich nach Modellierung des Gebäudes schnell und effektiv beispielsweise Baueingabepläne erstellen.
(11) Erstellen von Leistungsverzeichnissen	Mit Hilfe der BIM Software können nach Abschluss der 3D-Gebäudemodellierung sowie der Dateneingabe der einzelnen Bauteile, innerhalb von wenigen Schritten Leistungsverzeichnisse für eine EP-Ausschreibung erzeugt werden. Dies erfolgt automatisch auf Grundlage der eingegebenen Daten. Das LV muss somit nur auf Richtigkeit überprüft werden. Standardleistungstexte nach STLB-Bau sind dabei in einer durchgängigen 5D-BIM-Lösung integriert. Mit AVA-Tools können überdies bepreiste Leistungsverzeichnisse erstellt werden.

Tabelle 10 - BIM Chancen[51]

---

[51] vgl. (Nemetschek, Allplan 2013 Architektur, 2013), sowie (Nemetschek, Building Information Modeling mit Nemetschek Allplan, 2013)

3.5.2 Nutzen von BIM in den Leistungsphasen der HOAI

Building Informationen Modeling hat, wie bereits in Kapitel 3.5.1 beschrieben, bei durchgehender Anwendung einen großen Einfluss in die Leistungsphasen der HOAI. Gerade im Bereich Planung werden große Potentiale von BIM gesehen, vor allem in der verbesserten Durchgängigkeit von Informationen zwischen den Planungsbeteiligten sowie deren Zusammenarbeit untereinander. Außerdem ist die Einheitlichkeit der Daten hervorzuheben, da jeder Planer auf die gleiche Datenquelle im zentralen Gebäudemodell zugreift. Die Doppelarbeit wegen inkonsistenter oder nicht übermittelter Planungsinhalte würde somit auch entfallen. Nachfolgende Abbildung zeigt die von BIM beeinflussten Prozesse in der Projektabwicklung nach HOAI. Es wurden nur wesentliche Leistungen dargestellt, eine umfassende Darstellung aller beeinflusster Punkte ist in diesem Umfang nicht möglich.

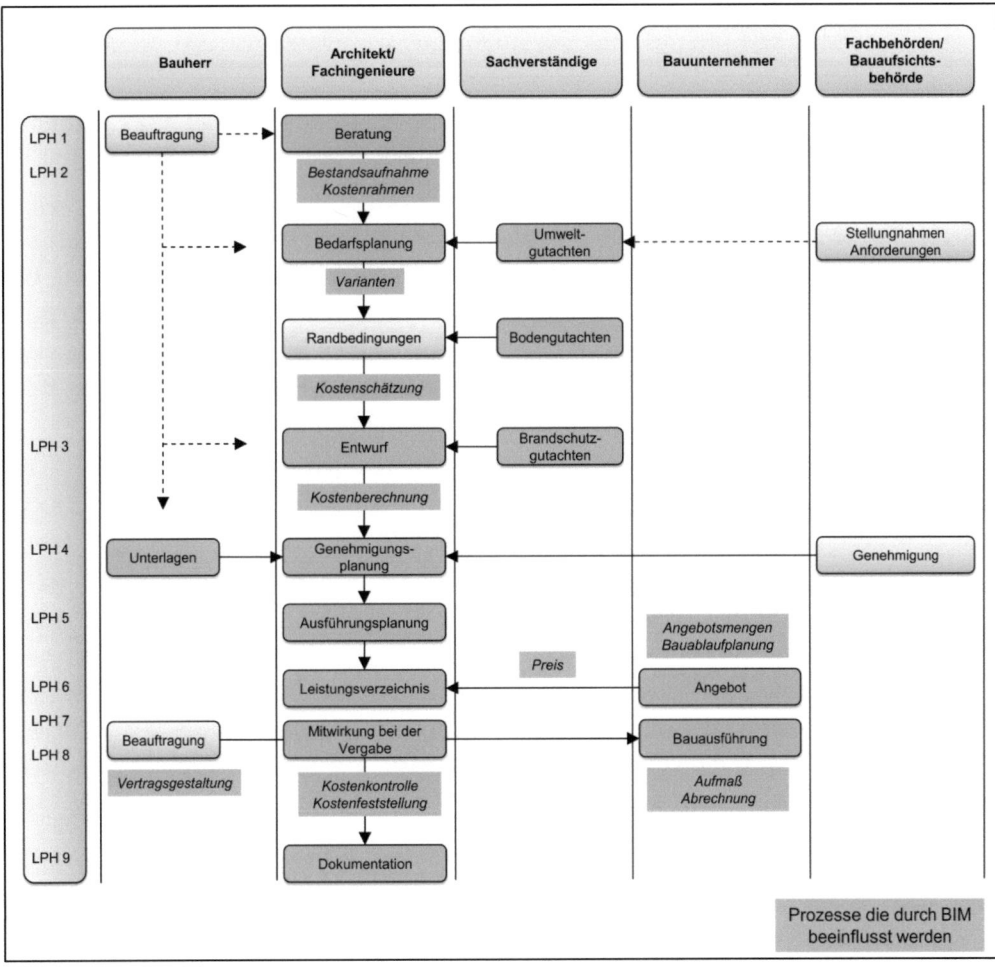

Abbildung 6 - Beeinflussung der Leistungen nach HOAI durch BIM[52]

---

[52] eigene Darstellung in Anlehnung an (Kaminski, 2010) Seite 214

Der Nutzen von BIM-Planungsmethoden erstreckt sich über den gesamten Projektverlauf. Wesentliche Punkte des Mehrwerts sind nachfolgend zusammengefasst.

- Effizienter und datenkonsistenter Planungsprozess
- Direkte Einflussnahme der Beteiligten auf das Planungsergebnis im Gebäudemodell, oder Nutzung von Informationen aus dem Modell möglich
- Einheitlicher Informationsstand zwischen den Projektbeteiligten
- Einfache Dokumentation von Entscheidungen möglich
- Bereits durchgeführte Projekte zeigen eine insgesamt bessere Kommunikation der Mitwirkenden untereinander
- Einfache Datenauswertung möglich, dadurch werden mehr Ressourcen für den eigentlichen Entwurf frei
- Kosteneinsparung im Bezug auf das Gesamtprojekt bei Anwendung von BIM in der kompletten Wertschöpfungskette (vgl. Kapitel 4.2.1)
- Detaillierte und umfassende Dokumentation der Planungs- und Bauphase zur Übergabe an den Betreiber des Bauwerks
- Visualisierungsmöglichkeit zur besseren Informationsweitergabe an den Bauherrn, Behörden sowie Fachfremden, darüber hinaus Kollisionsprüfung in Planung und Ausführung und auch Darstellung von Gefahrenpunkten[53]

Bei der Festlegung des Nutzens vom BIM ist nicht nur ein einzelner Prozess zu betrachten. Während des Modellentwurfs entsteht beispielsweise ein Mehraufwand, der durch die spätere, schnelle Auswertungsmöglichkeit der Daten wieder annähernd egalisiert wird. Wie erwähnt, ist der Zeitpunkt des Aufwandes bei der BIM-Planung nicht unmittelbar der Zeitpunkt des Nutzens, wodurch mehrere Phasen der Planung oder Ausführung in die Nutzen-Betrachtung einbezogen werden müssen.

3.5.3 Integration von BIM in die HOAI-Leistungsphasen

Die derzeitige Arbeitsweise von Planern ist stark auf die Leistungsphasen der HOAI ausgerichtet, da dies das geltende Preisrecht in Deutschland ist. Die Integration von BIM in die Leistungsphasen ist zentrales Element einer breiten Einführung dieser neuen Planungsmethode. Im Bauwesen wird die Planung des Objektes mit Fortschreiten der Projektphase immer weiter detailliert, präzisiert sowie visualisiert. Darauf muss eine Planung mit Building Information Modeling angepasst werden. Dies könnte wie nachfolgend dargestellt vollzogen werden:

Leistungsphase 1 und 2 (Grundlagenermittlung und Vorplanung)

Hier kann in der Modellierung ein grobes Bauwerksmodell entworfen werden, was durch eine einfache Mengen- und Baukostenermittlung erweitert wird. Dabei ist die Variabilität des Modells zu gewährleisten, um verschiedene Varianten abwägen zu können. Die Anpassung der Kostenkennwerte in der Software ist zu beachten, da bei einem geringen Detaillierungsgrad spezielle, auf dem Grad der Detaillierung angepass-

---

[53] vgl. (Kaminski, 2010) Seite 213-216

te Kostenkennzahlen zur Ermittlung der Baukosten notwendig sind, damit die zu erwartenden Baukosten nicht falsch eingeschätzt werden.[54]

Leistungsphase 3 (Entwurfsplanung)

In dieser Leistungsphase erfolgt die weitere Spezifikation der bevorzugten Variante, wobei eine weitere Betrachtung zusätzlicher Varianten durchaus denkbar ist. Dies ist jedoch als besondere Leistung zu vereinbaren. Das Grobmodell der Vorplanung wird weiter detailliert. Es werden beispielsweise die Tragfunktionen des Bauwerkes definiert sowie die Kosten der jeweiligen Bauteile ermittelt. Die Einbindung von Erkenntnissen anderer Fachplaner in das Gebäudemodell ist ebenso Bestandteil dieser Leistungsphase.

Leistungsphase 4 und 5 (Genehmigungsplanung und Ausführungsplanung)

Während der Genehmigungs- und vor allem in der Ausführungsplanung wird das virtuelle Bauwerksmodell sehr detailliert und mit allen relevanten Daten versehen. So kann während der LPH 5 bereits der Bauablauf simuliert werden, um die Planung auf Umsetzbarkeit zu prüfen. Die Eingabe von Informationen von allen fachlich an der Planung Beteiligten ergibt die Grundlage für eine automatisierte Auswertung und Ausschreibung in den folgenden Leistungsphasen.

Leistungsphase 6 und 7 (Vorbereitung und Mitwirkung bei der Vergabe)

In LPH 6 werden die vorher eingegebenen Daten aller Planer ausgewertet, um die Ausschreibungsunterlagen zu erstellen. Die automatisierte Mengenermittlung unterstützt dabei maßgeblich die Planungsbeteiligten bei deren Arbeit. Mittels der detaillierten Kostenberechnung können "Ausreißer" in den Angeboten der Bauunternehmen schnell gefunden werden. Das virtuelle Gebäudemodell kann dann direkt an den Ausführenden übergeben werden, der dieses zur Grundlage seiner Abrechnung nutzt.

Leistungsphase 8 und 9 (Objektüberwachung und Dokumentation)

Während der Ausführung wird das Gebäudemodell ständig bei Änderungen fortgeschrieben sowie zur Soll-Ist-Kontrolle (vgl. Kapitel 3.3.2) verwendet. Somit kann am Ende der Bauzeit dem Betreiber ein aktuelles und mit allen Daten der Planung und Ausführung gefülltes Bauwerksmodell übergeben werden.

Die BIM-Planung ist dabei geprägt von einer hohen Informationseingabe (Input) und daraus resultierender, möglicher Auswertungen (Output). Die Anforderungen des Bauherrn, baurechtliche Vorgaben und die kreativen Entwürfe des Architekten beschreiben den Input in der Vorplanung, welche das Ziel hat, ein Massenmodell zu erstellen, um aussagekräftige Prognosen zu Kosten, Varianten und der generellen Machbarkeit der Baumaßnahme zu erhalten. Nachdem sich für eine Grob-Variante entschieden wurde, wird in der folgenden Entwurfsplanung die Variante weiter differenziert und der Informationsgehalt der Planung weiter erhöht, beispielsweise hinsichtlich der technischen Ausstattung oder der Objektaufteilung. Alle Daten werden auch hier in das zentrale

---

[54] Als "falsche Einschätzung" der Kosten wird dabei eine Abweichung zur Kostenfeststellung von mehr als 20 % gesehen.

Gebäudemodell eingegeben und mit Hilfe von Filter-Tools Auswertungen zur Variante erstellt. Hierbei sind Kostenauswertungen wieder ein in der Praxis oft angewendetes Mittel, um das Bauwerk hinsichtlich der Wirtschaftlichkeit bewerten zu können. Diese Auswertungen können mit BIM-Programmen automatisch erfolgen. Die nötigen Pläne für die baurechtliche Genehmigung werden anschließend durch variable Schnittführungen direkt aus dem Gebäudemodell erzeugt. Die fortwährende Konkretisierung des Gebäudemodells ergibt nach weiterem Informations- und Daten-Input die Ausführungsplanung des Bauwerks. In den folgenden Planungsschritten sind weitere Ausgabemöglichkeiten von Daten mit Hilfe von BIM-Programmen (z.B. LV-Erstellung) möglich. In der folgenden Abbildung wird die Einbindung von BIM in die jeweiligen Planungsphasen zusammengefasst und visualisiert.

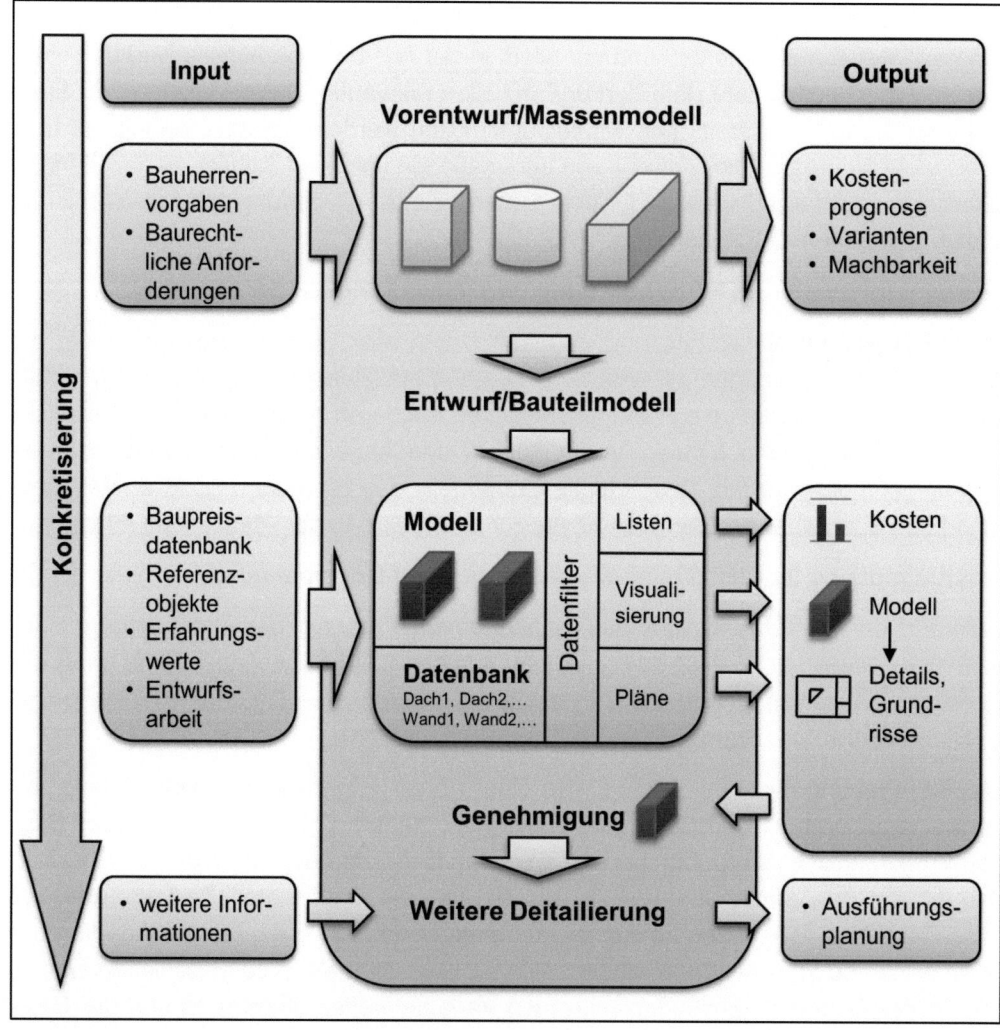

Abbildung 7 - Prozesse in der BIM-Planung[55]

---

[55] eigene Darstellung

4. Verbesserung der Datendurchgängigkeit im Planungsprozess durch BIM

4.1 Integrierung eines BIM-Modells in die Projektphasen

4.1.1 Einführung des BIM in die Geschäftsprozesse

Die Einführung von BIM ist als Managementaufgabe zu verstehen. Beim Building Information Modeling handelt es sich, wie bereits erwähnt, um eine neue Form der Projektabwicklung mit Hilfe von dreidimensionalen Gebäudemodellen. Es müssen zunächst die unternehmensinternen Prozesse angepasst werden ehe mit der technischen Umsetzung von BIM begonnen werden kann. Um das Management von einer neuen Projektabwicklungsform zu überzeugen, ist es erforderlich den Mehrwert der Methode zu vermitteln. Hierzu wird auf Kapitel 4.3.1 verwiesen.

Anschließend wird die technische Umsetzung definiert. Dabei muss zunächst festgelegt werden, wie ein BIM-System in der Praxis angewendet werden kann. Hierzu müssen Hard- und Softwarevoraussetzungen definiert werden, die Vertragsgestaltung sowie die Rechteverwaltung muss fixiert werden und eventuelle Workshops bezüglich der auftraggeberseitigen Anforderungen müssen organisiert werden. Der Bauherr stellt, meist unter Mithilfe von externen Dienstleistern, allen Projektbeteiligten ein BIM-Handbuch zur Verfügung, worin allgemeine Richtlinien, die Planungsstruktur oder auch Anforderungen an die Qualität und Zusammenarbeit der Beteiligten geregelt sein können.

Die buildingSMART Initiative entwickelte im Jahr 2008 ein Handbuch für den Datenaustausch im Bauwesen. Einige Bauherren aus dem Ausland entwickelten zudem eigene BIM-Handbücher, beispielsweise Norwegen mit dem Statsbygg BIM Manual 1.2, um die Arbeitsweise bei der Erstellung von dreidimensionalen Gebäudemodellen festzulegen. Wesentliche Elemente der BIM Handbücher sind:

- allgemeine Definitionen und Begriffserklärungen
- Hauptziele der BIM-Leistungen
- Anforderungen an die Organisationsstruktur
- Regelungen zur Modellierung der jeweiligen Fachplanungen (Architektur, TGA, Tragwerksplanung, Innenarchitektur, usw.)
- Strukturierung der Pläne
- Organisation von Kollisionsprüfungen
- Vertragliche Zusatzvereinbarungen[56]

---

[56] vgl. (Statsbygg, 2011)

Die mögliche Struktur eines BIM-Handbuches könnte an nachfolgende Abbildung angelehnt werden:

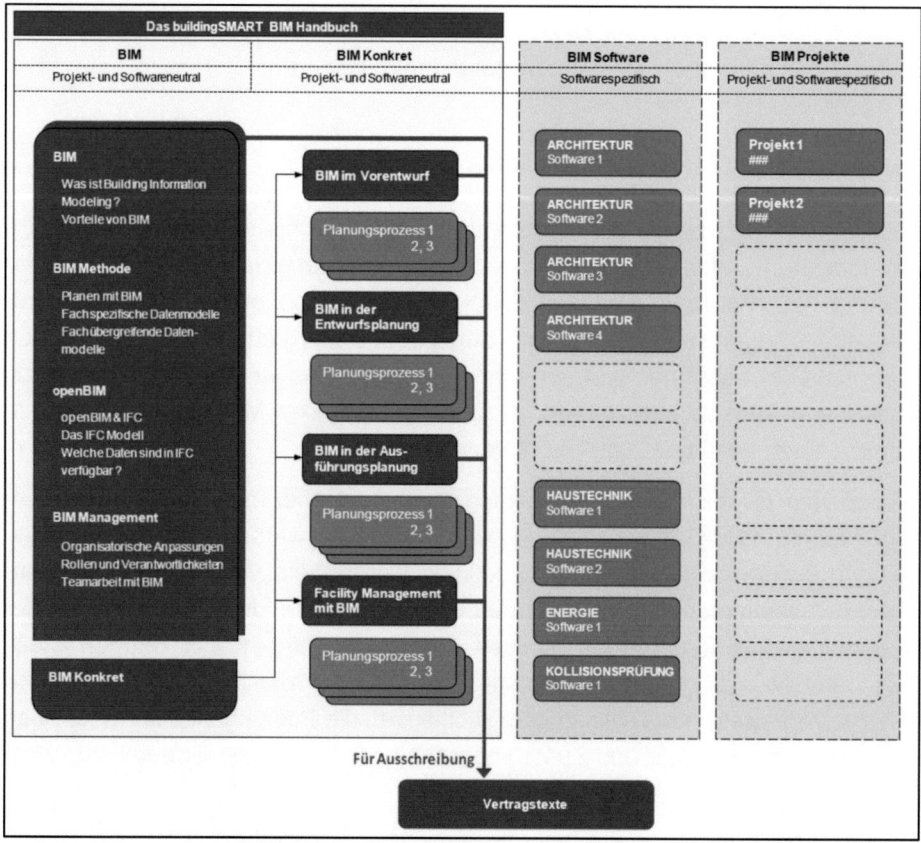

Abbildung 8 - Struktur eines BIM Handbuches[57]

Die Regelungen der BIM-Handbücher sind dabei softwareübergreifend, damit dem Planer beziehungsweise dem ausführenden Unternehmen deren unternehmerische Freiheit gesichert wird. Es kann ebenfalls die Übergabe einer Vorlage-Projektdatei erfolgen, damit die Grundstruktur bei allen BIM-Projekten eines Auftraggebers gleich ist. Nachdem diese organisatorischen Dinge geklärt sind, beginnt die eigentliche Planung am zentralen Gebäudemodell.

Die Modellierung von einzelnen Bauteilen, wie Wänden oder Decken, kann dabei im BIM-Handbuch genau beschrieben werden. Ebenso werden Regeln eingeführt, was bei der Erstellung des Modells zu vermeiden ist: beispielsweise die kontinuierliche Erzeugung von Bauteilen über mehrere Etagen des Gebäudes, da es so zu Schwierigkeiten bei der Mengenermittlung, oder Verknüpfung mit dem Terminplan kommen kann. Zudem ist es wichtig die Bauteile bestimmten Bauteilarten zuzuordnen, ähnlich den Layern in der 2D-Planung.

---

[57] (Juli, 2010)

Die Teile des Bauwerks werden mit Hilfe von IFC-Klassen (vgl. Kapitel 5.2) beschrieben, wobei folgende drei Kriterien fundamental sind:

- der korrekte IFC-Typ (z.B. Außenwand)
- die korrekte IFC-Position im Gebäudemodell (z.B. außen oder innen)
- die korrekte strukturelle Information des IFC's (z.B. tragendendes oder nicht tragendes Bauteil)

Die Bezeichnung der Bauteile muss dabei einheitlich im gesamten Modell sein, da es sonst zu Auswertungsproblemen kommen kann. Dies wird einerseits im BIM-Handbuch, andererseits im Projektstartgespräch festgelegt. Der sogenannte BIM-Manager überprüft die Einhaltung der Festlegungen und koordiniert die einzelnen Planer untereinander (vgl. Kapitel 4.1.3).[58]

Die Anlehnung an die, durch die HOAI vorgegebene Projektbearbeitung in den jeweiligen Leistungsphasen ist durchaus möglich, was im Kapitel 3.5 eingehend beschrieben wurde.

4.1.2 Stufen der Planung mit BIM

Die Planung mit BIM ist im Gegensatz zur herkömmlichen Planung nach HOAI anders aufgebaut. Die strikte Trennung zwischen den Leistungsphasen ist unter Voraussetzung der geltenden Abrechnungsätze nicht möglich. Die Erstellung des virtuellen Gebäudemodells steht im Vordergrund der BIM-Planung und ist vergleichbar mit dem Planzeichnen nach klassischen Methoden. Jedoch ist hierbei anzumerken, dass die detailgetreue Planung klassisch, erst viel später im Projektverlauf erstellt wird, wohingegen die BIM-Planung bereits in frühen Planungsphasen eine hohe Detaillierung des Bauwerkes besitzt.

Die effektivste Bauplanung gestaltet sich unter Einbindung der bauausführenden Unternehmen bereits in der Planungsphase (vgl. Kapitel 4.3.4). Dadurch kann das Wissen der Ausführung direkt in die Planung eingebracht werden, was zu einem großen Vorteil in der eigentlichen Bauausführung führt. Eine detailgenaue Planung mit dem geplantem Bauablauf zu verknüpfen kann bereits im Vorfeld der eigentlichen Ausführung Schnittstellen und Kollisionen aufdecken, welche klassisch erst auf der Baustelle aufgetreten wären und dort mit Hilfe von meist kostenaufwändigen und terminverzögernden Gegenmaßnahmen behoben werden könnten.

---

[58] vgl. (Sjøgren & Myhre, 2011)

Die nachfolgende Abbildung zeigt den Planungsverlauf unter Einbindung der Ausführenden in die Planung:

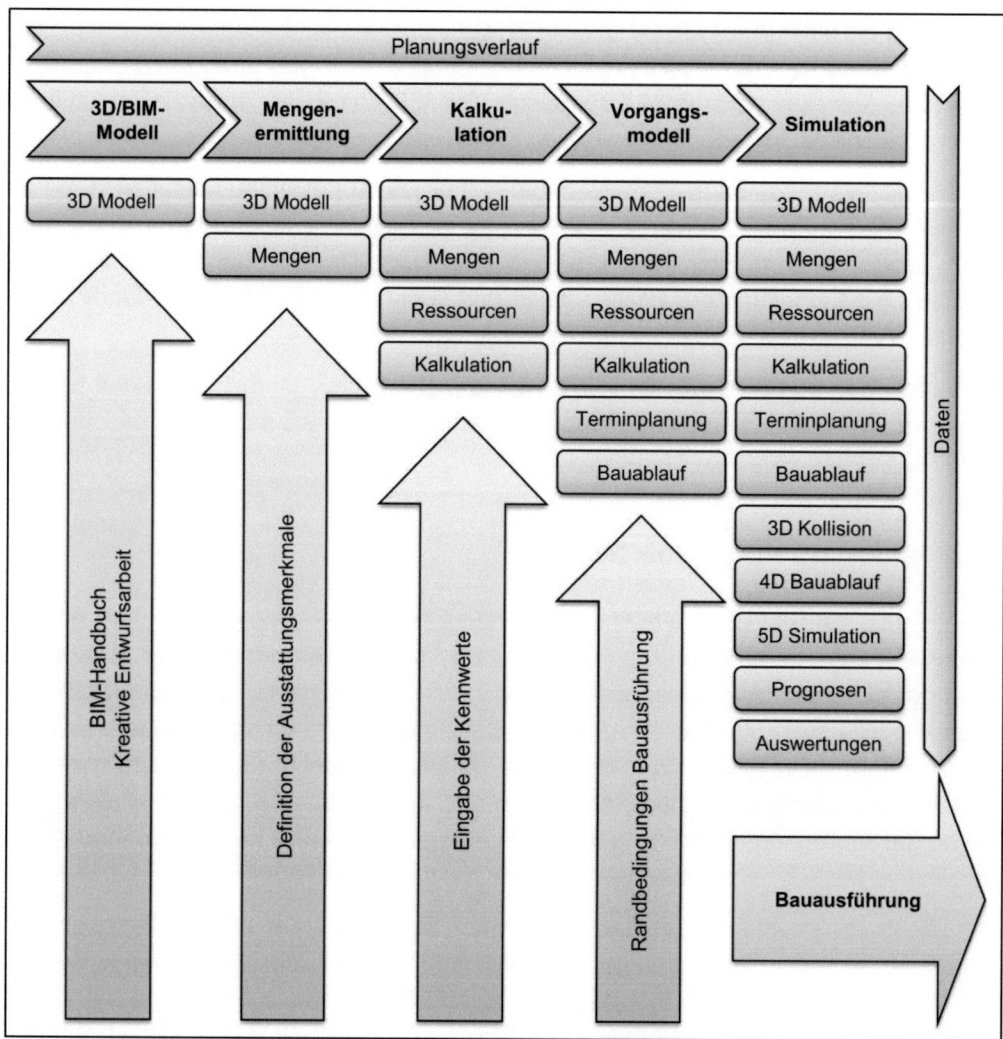

Abbildung 9 - Planungsprozess mit BIM unter Einbindung der Ausführenden[59]

Durch Abbildung 9 wird deutlich, dass der überwiegende Teil des Arbeitsaufwandes in der Erstellung des Gebäudemodells liegt. Vorrangig werden mit Hilfe des BIM-Handbuches, welches Vertragsbestandteil wird, die Randbedingungen der Planung festgelegt. Die Regelungen hierzu wurden in Kapitel 4.1.1 eingehend beschrieben. Neben der eigentlichen, kreativen Entwurfsarbeit der Planenden sowie der damit verbundenen Modellierung des 3D-Modells, werden in den ersten zwei Schritten der BIM-Planung die Ausstattungsmerkmale des Gebäudes eingegeben, also beispielsweise Materialen, Wand- und Fußbodenaufbauten, usw. Diese werden teilweise während der

---

[59] eigene Darstellung in Anlehnung an (Jerkovic, Saad, & Türk, 2012) Seite 7

Modellerstellung direkt mit in das Modell eingegeben, oder im Nachhinein definiert, sofern der Projektzeitpunkt nur eine grobe Abschätzung erfordert.

In Folge dessen ist die Möglichkeit zur automatischen Mengenauswertung gegeben, welche mit der Verknüpfung von Kalkulationskennwerten die Baukostenabschätzung ergibt. Dabei kann auf bereits in der Software hinterlegte Kennwerte zurückgegriffen werden, oder händisch angepasste Werte eingegeben werden.

Um dann ein Vorgangsmodell der geplanten Bauausführung zu erhalten, wird das 3D-Gebäudemodell mit der Terminplanung verknüpft. Dadurch entsteht ein simulationsfähiges virtuellen Gebäudemodell, welches hinsichtlich Kollisionen zwischen den Bauteilen oder im Bauablauf überprüft werden kann. Es können vielfältige Auswertungen (z.B. Türlisten, Listen über Einbauteile) generiert und Prognosen beispielsweise zum Kapital- oder Ressourcenbedarf erstellt werden. Hierdurch ist die Simulation der Ausführungsphase möglich, bevor die eigentliche Bauausführung beginnt.

4.1.3 Organisation der Planung mit BIM

Die Verwaltung und Organisation eines zentralen Gebäudemodells wird durch BIM als neue Aufgabe im Planungsprozess definiert. Ähnlich der Arbeit eines Projekt- bzw. Planungssteuerers mit den Aufgaben der Koordination und Zusammenführung der Fachplanung, wie beispielweise bei Generalplanern üblich, betreut ein sogenannter "BIM-Manager" diese Leistungen. Nachfolgend sind die Leistungen des BIM-Managers zusammengefasst:

Planung von BIM

- Definition der Ziele von BIM (Was?, Wer?, Wie?) und Abgrenzung der zu liefernden Leistungen
- Entwicklung eines Plans für die Ausführung des BIM im Projekt

Austausch und Weitergabe von Informationen

- Festlegung des Datenaustauschformates, welches softwareübergreifend genutzt werden kann
- Sicherstellung der Bereitstellung der Informationen für alle am Projekt Beteiligten und Einrichtung von Informationsverteilern
- Weitergabe von Teilmodellen an die jeweiligen Fachplaner (zur Zeit angewendete Methode, bis sich ein zentrales Servermodell durchgesetzt hat[60])

---

[60] vgl. (Liebich, Schweer, & Wernik, 2011) Seite 6

Koordination

- Organisation des BIM-Planungsstarttermin
- Zuordnung der Aufgaben an die beteiligten Akteure
- Definition von Meilensteinen in der Terminplanung und Überprüfung der Einhaltung sowie Einberufung von Zwischenterminen zur Präsentation von Teilergebnissen

Überprüfung der Leistungserbringung

- Kontrolle der erbrachten Leistungen, ob diese gemäß der getroffenen Regelungen erfüllt wurden
- Durchführung von interdisziplinären Kontrollen

Überprüfung der Qualität des Modells

- Visuelle Beurteilung der Geometrie und Lage der Objekte, beispielweise der korrekten Platzierung von Bauteilen oder deren geometrischer Form sowie der richtigen Position im Gebäude
- Kontrolle der festgelegten Objekttypen und der weitergehenden Informationen der Objekte
- Durchsicht der Objektbezeichnungen und Überprüfung auf deren Übereinstimmung mit dem BIM-Handbuch
- Querprüfung der berechneten Mengen

Kollisionsprüfungen

- Fachplanungsübergreifende Prüfung von Kollisionen im virtuellen Gebäudemodell
- Überprüfung des Modells auf Duplikate

Dokumentation und Nachkontrolle

- Zusammenfassung und Kommunikation der Mängel sowie Untersuchung von alternativen Lösungen
- Erstellung eines zusammenfassenden BIM-Planungsberichtes
- Übergabe des überprüften und mangelfreien Gebäudemodells an nachfolgende Projektbeteiligte[61]

---

[61] vgl. (Sjøgren & Myhre, 2011) Seite 20

Gleichzeitig ist der BIM-Manager zentraler Ansprechpartner für alle Projektbeteiligten, was nachfolgende Abbildung verdeutlicht:

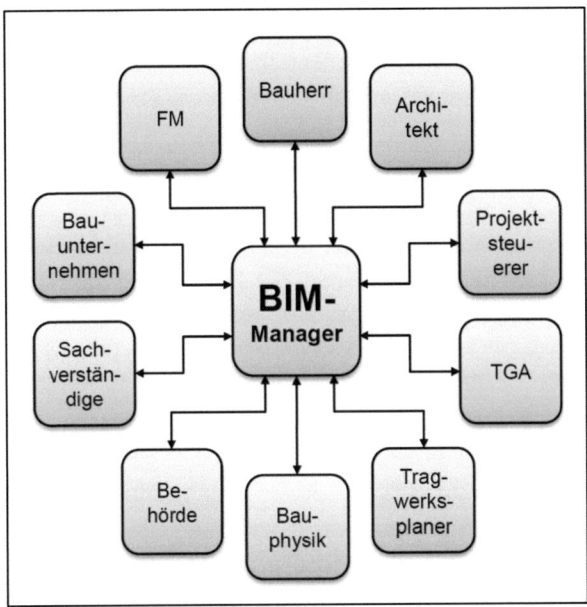

Abbildung 10 - BIM-Manager[62]

Doch welcher Projektpartner kann diese vielfältigen und anspruchsvollen Aufgaben übernehmen? Die Kompetenzen der Planenden liegen nach wie vor auf deren jeweiligen Fachgebiet und werden durch die Planung von BIM dahingehend nicht verändert. Hinzu kommt die Zusammenführung der Teilmodelle in ein zentrales Modell, was ein Verfahren ist, welches bis zur Einführung von fehlerfreien, zentralen BIM-Servern[63], auf denen alle Beteiligten zugreifen können, weiterhin koordiniert werden muss.

Die vorangegangen dargestellten Aufgaben des BIM-Managements können das Bauunternehmen, der Architekt, ein Dienstleister (z.B. Projektsteuerer) oder der Bauherr selbst übernehmen. Folgend sind die jeweiligen Varianten eingehender beschrieben.

Bauunternehmen als BIM-Manager

Hierfür ist zunächst anzunehmen, dass das Bauunternehmen auch Planungsleistungen mit übernimmt (z.B. Totalübernehmer), da bekanntlich bei einer Einzelgewerkvergabe die jeweiligen Unternehmen mit der Ausführung einer bereits geplanten Leistung beauftragt werden. Die zentrale Position des Generalunternehmens, welches die Koordination der einzelnen Gewerke und zudem Teile der Planung bei der Aufstellung als Generalübernehmer durchführt, ist förderlich für die Aufgaben des BIM-Managers. Jedoch steigen diese Unternehmen meist nach einer erfolgten Entwurfs- bzw. Genehmi-

---

[62] eigene Darstellung
[63] BIM-Server ermöglichen den Zugriff von allen Projektbeteiligten auf ein zentral hinterlegtes Gebäudemodell, was eine Zusammenführung der einzelnen Teilmodelle überflüssig macht.

gungsplanung in die Projektplanung ein, was großes Potential der BIM-Planung nicht vollkommen ausschöpft.

Um die Möglichkeiten der BIM-Planung von Anfang an zu nutzen, wäre eine Beauftragung des Unternehmens bereits ab der Vorplanung bzw. schon nach der Festlegung des Bedarfs einer Baumaßnahme in der Projektentwicklung denkbar. Dies könnte mit Hilfe von Public-Private-Partnership (PPP)-Vertragsstrukturen erreicht werden. Hier übernimmt ein leistungsfähiges Bauunternehmen die komplette Planung, Ausführung und den Betrieb des Bauwerkes. Auf diese Art würden die Chancen und Möglichkeiten der Planung mit BIM vollkommen ausgeschöpft werden, da bereits in der Planung wichtige Lebenszykluskostenbetrachtungen mit eingebunden, die Ausführung bereits in der Planung optimiert und ein späterer Betrieb schon frühzeitig simuliert werden kann.

Planer als BIM-Manager

Um die Chancen der BIM-Planung (vgl. Kapitel 3.3) effektiv auszunutzen, ist die Einbindung der Methode bereits in frühen Planungsphasen vorzusehen. Die Planer sollen bei ihrer Arbeit nicht nur eine wirtschaftliche Umsetzung der Planung, sondern auch den effizienten Betrieb des Bauwerkes mit im Blick haben. Verschiedene Varianten und Sichtweisen sind mit der BIM-Planung möglich, wie auch die Förderung der integrierten Arbeitsweise zwischen den fachlich Beteiligten. Meist vermittelt, bedingt durch die oft angewendete Form der Generalplanung, der Architekt hierbei als zentrales Organ zwischen den verschiedenen Fachplanungen und stellt seinen Bauwerksentwurf für diese bereit. Dieser könnte somit als BIM-Manager auftreten, was jedoch einen deutlichen Mehraufwand, besonders im Bereich der Administration und Kontrolle des Modells, nach sich ziehen würde. Der Architekt müsste somit, entkoppelt von der HOAI, zur Betreuung des virtuellen Planungsmodells als Dienstleister auftreten. Ähnlich wäre die Verfahrensweise bei sehr techniklastigen Bauten (z.B. Industriebau), wo die Hauptleistung eher bei den Fachplanern liegen, welche dann als BIM-Manager auftreten könnten. Zu bemerken ist, dass ein auf Planungsseite aufgestellter BIM-Bevollmächtigter wahrscheinlich wirksamer ist als auf Ausführungsseite, da die Planer wesentlich früher in das Projekt einbezogen werden.

Dienstleister als BIM-Manager

Da das Managen des Building Information Modelings als eine sehr zentrale und interdisziplinäre Leistung verstanden wird, ist dies ohne weiteres auch durch einen externen Dienstleister, wie einem Projektsteuerer, möglich. Als zentraler Koordinator plant dieser das Programm für das gesamte Projekt ohne selbst Entwurfs- oder Ausführungsleistungen zu übernehmen. Ein weiterer Vorteil ist die Unabhängigkeit der Projektsteuerungsleistungen von der HOAI, welche die freie Vereinbarung der Honorare für den Projektsteuerer zulassen. Die ebenfalls frühe Einbindung des Projektsteuerers durch den Bauherrn ist ein weiterer Vorteil für die Beauftragung des Dienstleisters als BIM-Manger.[64]

---

[64] vgl. (Liebich, Schweer, & Wernik, 2011) Seite 26-30

Bauherr als BIM-Manager

Sofern der Bauherr fachlich und personell gut aufgestellt ist, wäre dies die beste Position zur Festlegung eines BIM-Managers. Der Bauherr kennt seine Anforderungen an das Gebäudemodell für den Betrieb des Bauwerkes am besten. Die Richtlinien und Lastenhefte des Auftraggebers könnten als Grundlage für das BIM-Handbuch genutzt werden. Der Bauherr ist zudem in der zentralen Position zur Erstellung seines eigenen Nutzens, Planende und Ausführende zu beauftragen. Jedoch sind die meisten Bauherren in der Praxis relativ ungenügend personell, oder noch gravierender fachlich nicht ausreichend aufgestellt. Daher bedient sich der Auftraggeber meist Externen zur Planung und Durchführung von Bauleistungen. Ein externer Dienstleister wäre wahrscheinlich die praxistauglichste Variante des BIM-Managers.

4.1.4 Anforderungen an das Modell

Es gibt verschiedene Anforderungen an das Datenmodell in der Projektbearbeitung. Es folgt eine Zusammenstellung der Punkte, welche Eigenschaften ein BIM-Modell aufweisen sollte:

- Objektorientierung
- Volumenmodellierung
- Parametrische Modellierung
- Möglichkeiten zur Datenanalyse
- Systemübergreifender Daten- und Informationsaustausch

Nachfolgend werden die einzelnen Punkte eingehender erläutert.

Objektorientierung

Bei einem objektorientierten Datenmodell werden jedem eingegebenen Objekt spezielle Eigenschaften und Methoden zugeordnet. Die Struktur ist dabei hierarchisch, gliedert sich dabei von einem Objekt in verschiedene Unterklassen. Hierdurch können für Objekte mit gleichen Eigenschaften gemeinsame Methoden festgelegt werden. Adaptiert in das BIM ist somit eine Planung mit "intelligenten Bauteilen"[65] möglich, welche mittels Objekten erzeugt werden. In den Objekten sind nicht nur Informationen zur Geometrie des Bauteils, sondern auch zu anderen Eigenschaften (z.B. Materialart, Wärmeleitfähigkeit, usw.) hinterlegt.

Die hinterlegten Informationen sind dabei vielfältig und können vorher mit Hilfe einer Bauteildatenbank in das Gebäudemodell eingefügt werden, welche auf das jeweilige Bauwerk angepasst wird. Die Übergabe der Datenbank in andere Projekte oder Software ermöglicht eine Wiederverwendbarkeit der eingegebenen Daten. Zudem sind die Bauteilobjekte sehr flexibel und anpassbar. Es können überdies verschiedene Benutzer auf das Datenmodell zugreifen und deren Daten einpflegen. Die eingegebenen Daten können direkt im Gebäudemodell oder auch in der Bauteildatenbank verändert

---

[65] (Kaminski, 2010) Seite 99

werden. Bei einer Änderung der hinterlegten Information des Bauteils werden dabei alle mit dem Bauteil verknüpften Objekte angepasst. Dies ermöglicht eine schnelle Arbeitsweise vor allem bei Veränderungen des Bausolls durch den Bauherrn. Ebenfalls ist eine dynamische Anpassung von Bauteilen durch eine objektorientierte Datenstruktur möglich, beispielsweise können bei der Höhenanpassung einer Wand die Stützen im Gebäude ebenfalls mit angepasst werden.

Volumenmodellierung

Eine wesentliche Grundlage des objektorientierten Arbeitens bilden Volumenmodelle. Diese werden direkt im virtuellen Raum der Software modelliert und bilden somit ein Bauteil aus. Im Gegensatz zu einem Drahtmodell, bei dem nur miteinander verbundene Punkte ein visualisiertes, räumliches Modell ergeben, oder einem Flächenmodell, bei dem die dritte Ausdehnungskoordinate fehlt, ist es bei Volumenmodellen möglich Kollisionsprüfungen zwischen den Bauteilen durchzuführen. Mit Hilfe sogenannter Boundary-Representation-Modelle (B-Rep-Modelle) können Informationen der Objektmodellierung mit den Geometriedaten des Bauteils verknüpft werden.

Parametrische Modellierung

Die parametrische Modellierung führt die objektorientierte Modellierung mit der Volumenmodellierung zusammen. Dabei sind die Eigenschaften und die Geometrie der Objekte variabel einstellbar und voneinander abhängig gestaltbar. Dadurch können Bauteile bei Änderungen automatisch aktualisiert werden. Es ist wichtig, dass die Objekte im Modell nicht nur geometrische Informationen (Länge, Breite, Höhe), sondern auch Parameter zu deren Lage im Modell besitzen (x-, y-, z-Koordinate). Ansonsten kann es passieren, dass beispielsweise im Modell eine Mauer nicht auf der Bodenplatte aufliegt, sondern in einer gewissen Entfernung über der Bodenplatte "schwebt". Es ist durchaus möglich, die Volumina der Baukörper als Erstes festzulegen, ehe dann die Eingabe der Informationen zum Bauteil folgt. Wichtig ist hierbei die Verknüpfung der Bauteile untereinander, da es sonst zu Lage- oder geometrischen Diskrepanzen im Gebäudemodell zwischen den Bauteilen kommen kann.

Möglichkeiten zur Datenanalyse

Sofern die vorangehend beschriebenen Modellierungen bei dem virtuellen Gebäudemodell richtig angewandt wurden, entsteht in der Summe ein intelligentes Datenmodell, welches hinsichtlich der in Kapitel 3.3 beschriebenen Möglichkeiten ausgewertet werden kann. Die Analyse der eingegebenen Daten ist dabei ein großer Vorteil der Planung mit BIM, da Daten einerseits nur einmal in das Modell eingegeben werden müssen, andererseits die Daten schnell und automatisch zusammengestellt und ausgewertet werden können. Hier ist vor allem die Mengenermittlung zu nennen, die im BIM per Knopfdruck automatisch erfolgt, wohingegen ein aufwändiger und zeitintensiver Prozess bei der 2D-Planung erforderlich ist.

Systemübergreifender Daten- und Informationsaustausch

Als wesentlicher Punkt für eine integrierte Zusammenarbeit zwischen den Projektbeteiligten wird der einfache und schnelle Daten- und Informationsaustausch gesehen. Dieser muss softwareübergreifend möglich sein, mit einheitlichen Standards, um Datenverluste oder -fehler zu vermeiden. Hierzu wird auf Kapitel 5 verwiesen, da in diesem Punkt vertiefend auf das Datenmanagement im Bauwesen eingegangen wird.[66]

4.2 Einfluss des BIM auf die Hauptzielgrößen im Bauwesen

Generell ist es schwierig eine genaue Aussage bezüglich des Einflusses von BIM auf die Hauptzielgrößen im Bauwesen, also Kosten, Termine und Qualität zu treffen, da es in Deutschland keine dokumentierten und publizierten Referenzprojekte mit einer vollständigen und durchgängigen Anwendung des Building Information Modelings gibt. Gerade bei einer Verwendung von BIM über dem gesamten Lebenszyklus einer Baumaßnahme als eine big open BIM Lösung werden die größten Potentiale dieser neuen Planungsmethodik gesehen. Im Ausland wurden mehrere Studien durchgeführt, welche den Einfluss auf die Hauptzielgrößen wiedergeben, diese sind jedoch unter anderen rechtlichen und vertraglichen Voraussetzungen durchgeführt worden. Gerade im Hinblick auf das geltende Preisrecht der HOAI in Deutschland ist es schwer, Synergien zwischen den im Ausland durchgeführten Projekten mit dem deutschen Bauwesen zu finden, da es international keine vergleichbaren preisrechtlichen Regelungen gibt.[67] Darüber hinaus sind die Art der Anwendung (Arten von BIM vgl. Kapitel 0), der Zeitpunkt der Anwendung, die Organisation der Anwendung (vgl. Kapitel 4.1.3) sowie die verwendeten Technologien wichtige und dabei stark veränderliche Parameter um den monetären, terminlichen und qualitativen Einfluss von BIM auf das Bauwesen zu bewerten.

Die anschließenden drei Kapitel gehen auf die Hauptzielgrößen im Bauwesen ein, wobei die Quellen einerseits durchgeführte Studien in den USA und andererseits eine Konsultation mit Hr. Aßmann, Geschäftsführer der PRONAG mbH waren. Weitere angefragte Unternehmen, die BIM in deren Prozessen einsetzen, verwiesen nur auf bisher in den USA durchgeführten Studien oder waren zu keinem Kontakt bereit. Dies kann einerseits an der partiellen Anwendung von BIM liegen oder auch daran, dass mit BIM durchgeführte Projekte nicht mit ähnlichen, traditionell durchgeführten Projekten verglichen wurden.

4.2.1 Kosten

Durch die Aufwandsverschiebung in der Planung (vgl. Kapitel 4.3.2), also des relativ hohen Aufwands zu Beginn des Projektes, welcher durch weitgehende Auswertungsmöglichkeiten während der Projektplanung nahezu ausgeglichen wird, kommt es hier

---

[66] vgl. (Kaminski, 2010) Seite 98-116
[67] vgl. (Liebich, Schweer, & Wernik, 2011) Seite 16

zu einer Erhöhung der Planungskosten am Anfang der Planung. Die Erstellung des Gebäudemodells ist im Bereich der Altbausanierung schneller und somit kostengünstiger als die herkömmliche 2D-Planung, jedoch wirkt sich die Einpflege von weitaus mehr Daten und Informationen in das virtuelle Gebäudemodell kostensteigernd aus.[68]

Durch eine höhere Qualität der Planung (vgl. 4.2.3) entsteht ein weiterer Kostenvorteil: die Mehrkosten, die in der Planungsphase bei Änderungen der Planung entstehen, sind erfahrungsgemäß deutlich geringer als die Mehrkosten, die sich durch eine fehlerhafte Planung in der Ausführungsphase ergeben. Dies begründet sich durch die Voraussage der Ausführungsphase bereits in der Planungsphase mit Hilfe von BIM. Ebenso werden die gesamten Projektkosten für den Bauherrn kalkulierbarer, da bereits bei einer geringen Modelländerung sich die Baukostenwerte automatisch anpassen. Diverse "Sowieso-Kosten"[69] durch beispielsweise eine fehlerhafte Mengenermittlung entfallen, da die Mengenermittlung automatisch erfolgt.

Über die gesamte Planungs- und Bauzeit gesehen sind bei alleiniger Anwendung von Kollisionsprüfungen mit BIM Kosteneinsparungen von ca. 10 % der Baukosten möglich, bei einer Planungskostenerhöhung von ca. 1,5 % der Baukosten.[70] Dies wurde auch von einer Studie der Universität Stanford, USA bestätigt, die auf ähnliche Werte der Kosteneinsparung kam.[71] Weiterhin stellte die Studie der Universität Stanford fest, dass durch die Anwendung von BIM die Anzahl der ungeplanten Änderungen um 40 % gesenkt werden konnten, was wiederum Auswirkungen auf die Kosten hat, da in der Regel jede Änderung Mehrkosten nach sich zieht. Die britische Regierung geht sogar von Kosteneinsparungen in Höhe von 15-20 % beim Einsatz der BIM-Methode aus, bei Anwendung über die komplette Lebenszyklusphase des Bauwerkes.[72]

4.2.2 Termine

Bezogen auf die Planungszeit kommt es bei der BIM-Planung ebenfalls zu einer Verschiebung in frühere Planungsphasen, ähnlich der Planungskosten. Da die Planung mit BIM-Methoden in gewissen Projektphasen einen größeren Aufwand fordert, ist in diesen Phasen auch ein größerer Zeitaufwand einzuplanen. Jedoch hebt sich dieser zeitliche Mehraufwand während der Planungslaufzeit nahezu wieder auf, da beispielsweise ansonsten zeitaufwändige Mengen- und Kostenermittlung innerhalb weniger Mausklicks mit BIM automatisch generiert werden.

---

[68] laut Aussage Hr. Aßmann Fa. PRONAG

[69] "Die Sowiesokosten sind ein Begriff aus dem Mängelbeseitigungsrecht. Sie bezeichnen im Mängelbeseitigungsrecht diejenigen Kosten, die dem Auftraggeber auch bei mangelfreier Vertragsdurchführung entstanden wären. Juristisch spricht man von der Kausalität zwischen Pflichtverletzung und Schaden. Bei den Sowiesokosten ist die Pflichtverletzung nicht kausal (ursächlich) für den Schaden." (Sowiesokosten, 2012)

[70] vgl. (Committee, 2008)

[71] vgl. (Fischer & Gao, 2008) Seite 9

[72] vgl. (Gouvernment, 2012) Seite 6

Ein weiterer zeitlicher Vorteil bildet sich durch die genaue Voraussage des Bauablaufes ab. In der jetzigen Praxis entstehen oft Verzögerungen aufgrund fehlender oder falscher Planungen. Auch im Bezug auf die Kollisionsprüfung, welche Probleme der Ausführung bereits in der Planungsphase erkennen lässt, kann mit BIM ein kontinuierlicher Arbeitsfluss auf der Baustelle generiert werden, welcher ohne Verzögerungen verläuft. Dies hat wieder Auswirkungen auf die gesamten Projektkosten, denn wenn kein Ausführender in dessen Leistungserbringung behindert wird, kann dieser auch keine Mehrkosten geltend machen.

Durch die im Kapitel "Kosten" beschriebene Studie der Universität Standfort konnte eine Verminderung des Zeitaufwands bei der Kostenermittlung um 80 % festgestellt werden, was die Verkürzung der späteren Planungsphasen bestätigt. Außerdem konnte die Gesamtlaufzeit der Bauprojekte um 7 % verkürzt werden.[73]

4.2.3 Qualität

Die Qualität der Planung erhöht sich durch die Anwendung der BIM-Methode in vielfacher Weise. Die Planprüfung, beim BIM die Prüfung des Modells, vereinfacht sich weitreichend, da der Prüfer nicht nur Ausschnitte des Gebäudes in Form von Plänen erhält, sondern das Bauwerk im Gesamten prüfen kann. So ist die Prüfung des Modells nicht mehr abhängig von dem Vorstellungsvermögen des Betrachters. Schnittführungen können individuell im Modell gelegt werden, wodurch eine Überprüfung des gesamten virtuellen Bauwerks ermöglicht wird. Dies kann mit Hilfe von kostenlosen Viewern erfolgen, die vom BIM-Anwender für den Plan-Prüfer bereitgestellt werden. Die Kundenwünsche können dabei besser umgesetzt werden, da auch Nicht-Baufachleute die Planung des Bauwerkes eher verstehen können.[74]

Zudem wird eine wesentlich größere Datenmenge in das Modell eingegeben, wodurch alle Beteiligten den gleichen Stand der Planung erhalten. Die genauere Beschreibung des Bauwerkes, welche direkt im Modell erfolgt und nicht in umfangreichen Leistungsbeschreibungen, ermöglicht eine genaue Voraussage des Bauzustandes bis hin zu den Betriebsfunktionen des Gebäudes. Durch die hohe Genauigkeit in der Mengenermittlung erhöht sich auch hier die Mengen- und Kostensicherheit und somit die Qualität der Planung. Die Planung wird im Allgemeinen durch BIM wesentlich transparenter und fehlerfreier, durch die Hinterlegung von beispielsweise Herstellerangaben, Produktdaten oder Materialdaten.

Gemäß der Studie der Universität Stanford konnte eine Kostenberechnung der Bauwerkskosten mit BIM in der Planung erstellt werden, welche nur 3 % von den tatsächlich abgerechneten Kosten abwichen.[75] Dies bestätigt eine hohe Planungsqualität.

---

[73] vgl. (Fischer & Gao, 2008) Seite 9
[74] laut Aussage Hr. Aßmann Fa. PRONAG
[75] vgl. (Fischer & Gao, 2008) Seite 9

4.3 Auswirkungen des Einsatz von BIM auf den Planungsprozess

4.3.1 Vermittlung des Mehrwerts der Projektbeteiligten

Die deutsche Baubranche verschränkt sich bisher, bis auf wenige Visionäre, gegen eine generelle Einführung von BIM-Methoden. Gerade im Vergleich zum Ausland war Deutschland immer ein Vorreiter bei Innovationen und technischem Vorsprung, was beim Building Information Modeling leider nicht der Fall ist. Länder wie die USA, Finnland, Norwegen, Großbritannien, oder die Länder der Arabischen Halbinsel haben, oder werden in naher Zukunft selbst auf nationaler Ebene Standards einführen, die die Projektplanung mit BIM vorschreibt.[76]

Doch worin liegen die Gründe für die zögerlichen Innovationswillen im Bereich BIM in Deutschland? Zumindest kann es rein an der Technologie nicht liegen, da entsprechende und leistungsfähige Software-Werkzeuge am Markt verfügbar sind (vgl. Kapitel 2.2.5). Die Recherche ergab, das vor allem große Bauunternehmen wie Hochtief, Wolff&Müller, Züblin, Bauer Spezialtiefbau, Max Bögl und BAM Deutschland sowie eine große Planungsgesellschaft Obermeyer die Durchführung der Projektabwicklung mit BIM fördert. Mehrere mittelständische Planungsgesellschaften setzten BIM-Methoden vor allem als little BIM[77] Inhouse-Lösung ein. Eine flächendeckende Durchführung der BIM-Planung ist derzeit und in naher Zukunft nicht zu erkennen, da vor allem die öffentliche Hand, als größter Auftraggeber in Deutschland, derzeit, zumindest offiziell, keine Ambitionen hat BIM einzuführen: "Allein wegen politischer und rechtlicher Vorgaben, die die Unterstützung des Mittelstandes im Blickfeld haben, würde der Bauherr Bund vorerst abwarten. Das BBSR beabsichtigt die Vergabe eines Forschungsvorhabens, mit dem die Vereinbarkeit von BIM mit den ordnungspolitischen und rechtlichen Rahmenbedingen der Bauverwaltung untersucht werden soll."[78]

Ein weiterer Grund für die zögerliche Einführung von BIM liegt wahrscheinlich in der strikten Trennung von Planung und Ausführung in Deutschland.[79] In anderen Ländern, wie der USA, wird die Projektabwicklung als integrierter Prozess über alle Projektphasen hinweg verstanden, was die Schnittstelle zwischen Planung und Ausführung wesentlich entschärft und eine bessere Datendurchgängigkeit ermöglicht.[80] Insofern ist es wichtig für die deutsche Baubranche die softwareübergreifende Durchgängigkeit der Daten zu ermöglichen, worauf in Kapitel 5 ausführlich eingegangen wird.

---

[76] vgl. (KIT, 2012) Seite 1
[77] vgl. Kapitel 0
[78] (Strohschneider, 2012)
[79] vgl. (Liebich, Schweer, & Wernik, 2011) Seite 32
[80] vgl. (Gehbauer & Heidemann, 2010)

Die Akzeptanz von BIM bei den Beteiligten zu erlangen, ist durch Aufklärung der Vor- und Nachteile einer neuen Planungsmethode sowie durch Darstellung bereits durchgeführter Referenzobjekte zu erreichen. Außerdem werden folgende Punkte als Bedingung für die Zustimmung der am Bau Beteiligten bezüglich BIM gesehen:

- Vorhandensein der technischen Hilfsmittel
- Mehrwert durch die Anwendung der Methode
- Regelungen der Zusammenarbeit
- Ausgeglichene Vergütungsregelungen

Vorhandensein der technischen Hilfsmittel

Wie bereits erwähnt und in Kapitel 2.2.5 beschrieben, ist die entsprechende Software für die Planung mit Hilfe der BIM-Methode am Markt verfügbar. Selbst die Einbindung nationaler Vorschriften und Richtlinien ist in einigen Programmen der 5D-Planung enthalten. Inzwischen gibt es Funktionen, die beispielsweise eine VOB-gerechte Mengenermittlung ermöglichen. Ein Großteil der Planer benutzt bereits heute BIM-fähige CAD-Software zur reinen zweidimensionalen Planung, jedoch unter Vernachlässigung der dreidimensionalen Modellierungsmöglichkeiten. Diese Verschwendung an gegebenen Ressourcen ist bereits kritisch zu betrachten.

Mehrwert durch die Anwendung der Methode

Um die Einführung von BIM zu fördern muss dem Benutzer und zusätzlich dem Auftraggeber der Mehrwert der BIM-Methode verständlich gemacht werden. Der größte Nutzen des Building Information Modelings liegt in der Betrachtung des kompletten Lebenszyklus der Immobilie. So muss der betrachtete Zeitraum ausreichend lang sein, um Effizienz- und Kostenvorteile der Methode zu generieren. Wird beispielsweise nur die Erstellung des 3D-Modells betrachtet, fällt hier ein größerer Aufwand im Vergleich zur 2D-Planerstellung auf. Werden jedoch zum Beispiel die Bausolländerung in die Betrachtung mit einbezogen, ist es einfacher und wesentlich schneller, diese im 3D-Modell zu ändern, als in Grundriss-, Schnitt-, Ansichts- und Detailzeichnungen. Dabei ist, wie beschrieben, der Zeitpunkt des Aufwandes nicht unmittelbar gleich mit dem Zeitpunkt des Gewinns an Mehrwert. Die Entscheidung über den Nutzen der neuen Planungsmethode sollte daher, angepasst an die Wertschöpfungskette, auf mindestens die Projektphasen Planung, Ausführung oder Betrieb gefällt werden. Ansonsten kann es zu Diskrepanzen zwischen den Projektbeteiligten bei der Verteilung der Aufgaben kommen, welche durch geeignete Vergütungsmaßnahmen (vgl. Kapitel 4.3.5) auszugleichen sind.

Regelungen der Zusammenarbeit

Durch die in Kapitel 4.1.1 dargestellten neuen und zusätzlichen Aufgaben in der BIM-Planung, ist es erforderlich Regeln der Zusammenarbeit festzulegen. Neue Arbeitsmodelle müssen eingeführt werden, damit der veränderte Leistungsumfang nicht zu einer Mehrbelastung, sondern zu einer Entlastung der Datenaufbereitung und somit Ressourcenfreisetzung für die eigentliche Entwurfsaufgabe führt. Die dafür erforderlichen Vorlagen und Richtlinien müssen für die deutsche Baubranche erst noch entwickelt werden, wobei jedoch beispielsweise bereits angewendete BIM-Handbücher aus dem Ausland als Muster verwendet werden können. Überdies ist die schrittweise Veränderung der Leistungsbilder nach HOAI erforderlich, um die Schnittstellen, beispielweise zur Tragwerksplanung, gleitender zu gestalten. Ebenso ist es denkbar, gewisse Anreizsysteme einzuführen, wobei der Erbringer von Mehrleistungen in der Planung später an deren Gewinn in der Ausführung beteiligt wird.

Ausgeglichene Vergütungsregelungen

In Verbindung mit der Anpassung der Leistungsbilder sowie der Zusammenarbeit der Beteiligten, ist es erforderlich, auch im Hinblick auf einen in frühe Planungsphasen verschobenen Aufwand, die Vergütungsregelungen anzupassen. Hierzu wird auf Kapitel 4.3.5 verwiesen, in dem diese Problematik eingehender beschrieben ist.[81]

4.3.2 Verschiebung des Arbeitsaufwandes

Die Einführung der BIM-Methode hat auch Auswirkungen auf den erbrachten Leistungsumfang während der Planung. So verschiebt sich ein Großteil der Planungsleistungen, also insbesondere im Bezug auf die Erstellung des Gebäudemodells, auf frühere Phasen der Planung. Das virtuelle Gebäudemodell ist Grundlage für alle weiteren Planungsleistungen und ist somit im ersten Schritt zu erstellen. Der Arbeitsaufwand ist höher einzuschätzen als bei der klassischen Planzeichnung, verringert sich jedoch in späteren Planungsphasen durch die einfache Auswertungsmöglichkeit für beispielsweise Kosten, Mengen oder Raumbücher. Diese Auswertungen bestehen in der traditionellen 2D-Planung meist aus Schätzungen und Annahmen, die erst in späteren Leistungsphasen (LPH 6) verifiziert werden. Beim BIM hingegen stehen diese Informationen bereits nach der Erstellung des Gebäudemodells, also relativ früh (LPH 3) zur Verfügung, wobei schon exakte Daten ausgelesen werden können.

Im Vergleich zur zweidimensional orientierten Planungsweise werden im BIM schon früh sehr viele Informationen in das Modell eingegeben. Dieser Arbeitsschritt entfällt bei der CAD-Planung, da bei dieser lediglich Pläne erzeugt werden, ohne diese mit Bauteilinformationen zu verknüpfen. Der Arbeitsschritt der Leistungs- bzw. Bauteilbeschreibung erfolgt bei der klassischen Planung erst in späteren Projektphasen, was den höheren Aufwand der BIM-Planung in früheren Phasen begründet.

Die Verschiebung des Arbeitsaufwandes in frühere Planungsphasen geht mit einer besseren Beeinflussbarkeit der späteren Ausführungs- und Betriebskosten einher. So können in sehr frühen Projektphasen verschiedene Varianten des Bauwerkes verglichen werden, um die wirtschaftlichste Lösung für Bau und Betrieb zu finden. Ein weiterer Vorteil dieser frühen Entscheidungs- und Planungsprozesse mit BIM sind die geringeren Änderungskosten, die durch Änderungen des Bausolls oder Kollisionen während der Bauphase entstehen. Somit kann hier ein Kostenvorteil gegenüber der klassischen Projektabwicklung generiert werden. Der Zeitpunkt des zusätzlichen Aufwands ist dabei meistens different zu dem Zeitpunkt des Nutzens. Die Planung mit BIM ist bei

---

[81] vgl. (Liebich, Schweer, & Wernik, 2011) Seite 41-42

Übergabe an den Bauunternehmer[82] wesentlich ausgereifter, da viele Entscheidungen bereits zwischen Vorentwurf und Entwurf getroffen werden und nicht erst während bzw. nach der Entwurfsplanung. Die nachfolgende Abbildung visualisiert die vorangegangene Verschiebung des Arbeitsaufwandes bei der BIM-Planung.

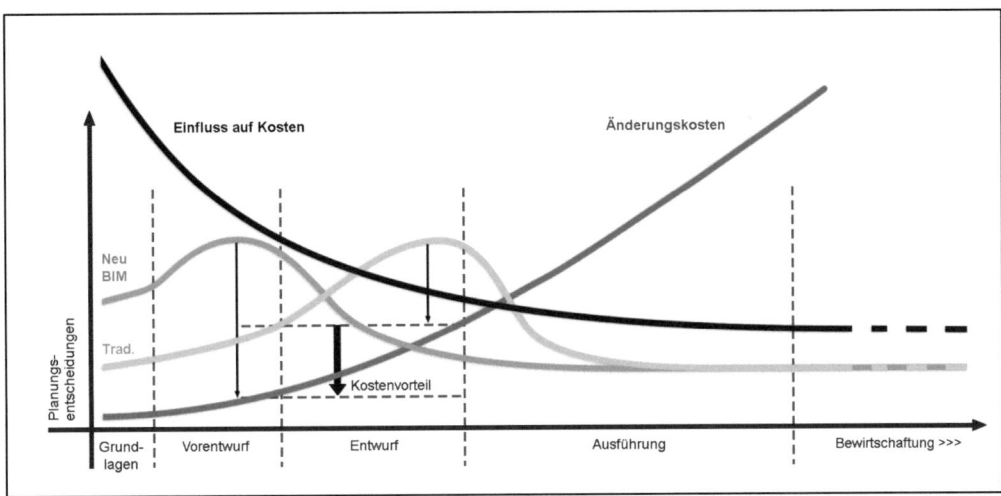

Abbildung 11 - Verschiebung des Planungsaufwandes durch BIM[83]

Die Abbildung 11 stellt dabei nur Erfahrungswerte dar, welche jedoch bisher nur durch Pilotprojekte aus dem Ausland bestätigt werden konnten. Daten aus Deutschland sind hierzu bisher noch nicht veröffentlicht worden.

4.3.3 Veränderung der Leistungsbeschreibung

Eingehend ist festzustellen, dass BIM-Planungsmethoden nicht die fachlichen Aufgaben der Planungsbeteiligten, also das Planen an sich verändern, sondern technologisch sowie organisatorisch auf den Planungsprozess einwirken.[84] In Deutschland gibt es derzeit keine einheitlichen BIM Standards in Form von Normen oder Richtlinien. Deshalb muss auch hierzu auf Veröffentlichungen aus dem Ausland verwiesen werden. In verschiedenen Ländern sind bereits BIM-Richtlinien oder Handbücher herausgegeben worden, welche jedoch unterschiedlich aufgebaut sein können. Einerseits wird klassisch nach Leistungsphase und Planungsdisziplin differenziert (COBIM, 2012), andererseits kann die Untergliederung auch nach Aufgabenbereichen erfolgen (GSA, 2007).[85]

Die Projekte aus dem Ausland zeigen, dass bei Bauvorhaben, die mit BIM geplant und ausgeführt werden, spezielle Regelungen für das Leistungssoll und den Leistungsumfang zu vereinbaren sind. Dabei ist die HOAI als geltendes Preisrecht, gleichbedeutend

---

[82] Es wird von einer Generalplaner- und Generalunternehmerabwicklung ausgegangen.
[83] (Liebich, Schweer, & Wernik, 2011) Seite 7
[84] vgl. (Liebich, Schweer, & Wernik, 2011) Seite 7
[85] vgl. (Liebich, Schweer, & Wernik, 2011) Seite 14-15

unterstellt, auch als Leistungsumfang, nach Ansicht von (Liebich, Schweer, & Wernik, 2011) nicht erschöpfend für die Abbildung des Building Information Modeling. Da wie bereits erwähnt der komplette Planungsprozess durch BIM verändert wird. Hierbei sollten in den Leistungsbeschreibungen nicht nur Aussagen zu den technischen Randbedingungen, wie einheitliche Zeichnungsstandards oder Datenformate getroffen werden, sondern auch zu organisatorischen Belangen, etwa der Zusammenarbeit untereinander oder auch rechtlichen Faktoren, wie die Eigentumsrechte am Gebäudemodell.

Eine Möglichkeit der Beschreibung des Leistungsumfangs und Leistungssolls ist die der Fertigungsgrade (FG) des Gebäudemodells. Diese werden zu teilweise mehreren Leistungsphasen der HOAI zugeordnet und treffen Aussagen zu

- Modellinhalt
- Zugelassenen Weiterverwendungen des Modells (u.a. für Terminplanung, oder Kostenermittlungen)

Dabei bezieht sich jeder FG auf den jeweils Vorhergehenden, analog zur Planung nach HOAI. Ein Beispiel hierzu ist in den abgebildeten BIM-Vereinbarungen der "Anlage 1 - BIM Vereinbarungen" zu entnehmen. Außerdem werden in der BIM-Leistungsbeschreibung Verfahrensregeln einbezogen, welche

- die Zusammenarbeit und Konfliktbewältigung zwischen den Projektbeteiligten definieren
- die Nutzungsrechte und das Urheberrecht des Modells bestimmen
- Bestimmungen zu den Modellanforderungen beinhalten
- sowie das Modellmanagement regeln.

Den Verfahrensregeln und Fertigstellungsgraden sind allgemeine Bestimmungen vorangestellt, die Begrifflichkeiten und Grundsätze des Vertragszusatzes über die BIM-Leistungen regeln.[86]

4.3.4 Anpassung der vertraglichen Voraussetzungen

Wird davon ausgegangen, dass die Leistungsbilder der HOAI als Vertragsinhalt der Architekten- und Ingenieurverträge vereinbart werden, ist es erforderlich, neue Regelungen bezüglich des Leistungsinhaltes sowie der dementsprechenden Vergütung zu vereinbaren. Die Höhe der vertraglich vereinbarten Vergütung bestimmt zurzeit die HOAI. Die Ausführung der Leistungen nach BIM hat eine Verschiebung des Leistungsaufwandes (vgl. Kapitel 4.3.2) und somit auch einer Veränderung des Honorars für Planungen (vgl. Kapitel 4.3.5) zur Folge. Dadurch ist die vorgegebene Vergütungshöhe der HOAI auf die BIM-Leistungen anzupassen. Gerade auch im Hinblick auf die Aufteilung der verschiedenen Leistungsbilder (z.B. Unterscheidung zwischen Objekt- und Fachplanungen) der HOAI, würden sich mit dem ganzheitlichen Charakter der BIM-Leistungen nicht vereinbaren lassen. Somit ist festzustellen, dass die Einführung von BIM mit der Vereinbarung von einer neuen Vertragsstruktur einhergeht.

---

[86] vgl. (Liebich, Schweer, & Wernik, 2011) Anlage 3

Es wird dabei in diesem Abschnitt von der vollständigen Umsetzung der BIM-Planung (big open BIM vgl. Kapitel 0) ausgegangen, da diese am effektivsten ist. Die Betrachtung von Teilleistungen (little closed BIM), die mit Hilfe von BIM-Methoden umgesetzt werden, wie beispielsweise in der neuen HOAI 2013 Leistungsbild Gebäude und raumbildende Ausbauten in der LPH 2 geregelt, werden hierzu nicht betrachtet, da deren Vereinbarungen über Vertragszusätze erfolgen kann. Bei diesen Teilbeauftragungen ist es jedoch nicht möglich, das volle Potential einer umfassenden Planung mit BIM auszuschöpfen.[87]

Um eine Komplettlösung durchzuführen, werden durch innovative Vertragsformen neue Konstellationen zwischen den Projektbeteiligten angestrebt. Ziel dieser Verträge ist es, die separat arbeitenden Planungspartner untereinander, sowie die Planung mit der Ausführung zu verknüpfen und die Kooperation und Kommunikation innerhalb des Projektes zu fördern. Dabei sollen die Fachkompetenzen und Verantwortungen der Beteiligten natürlich bestehen bleiben.

Integrated Form of Agreement (IFOA)

Durchgeführte BIM-Projekte aus den USA verknüpfen den Bauherrn mit dem Generalplaner und Generalunternehmer mit Hilfe eines Mehrparteienvertrages. Die Integrated Form of Agreement (IFOA) ist die hauptsächlich in den USA angewendete Vertragsform. Diese bildet die Grundlage der kooperativen Zusammenarbeit zwischen den einzelnen Vertragspartnern. Schon in den Vertragsverhandlungen wird der Teamgedanke gestärkt und Regelungen getroffen, wobei nur der Projekterfolg und nicht die Einzelinteressen der Vertragsparteien im Vordergrund steht. Später im Projekt mitwirkende Nachunternehmer werden mit Hilfe eines sogenannten "Trade-Partner-Agreements"[88] vom Generalunternehmer an die Bestimmungen des IFOA gebunden.

Der IFOA enthält wie jeder Vertrag eine kommerzielle Strategie und überdies noch Verhaltensregeln, die innerhalb des Projektteams einzuhalten sind. Die kommerzielle Strategie verfolgt den Gedanken der Vergütung aller ausgeführter Arbeiten und anrechenbaren Kosten sowie einem festgelegten Prozentsatz für allgemeine Geschäftskosten. Alle finanziellen Risiken werden durch alle Vertragspartner geteilt. Zur Absicherung der Unwägbarkeiten wird vorher ein bestimmter Betrag in einen Risikopool eingezahlt. Der Gewinn des Generalunternehmers und des Architekten wird vorher festgelegt und liegt unter dem marktüblichen Gewinn. Alle finanziellen Einsparungen werden nach einem vorher bestimmten Verteil-Schlüssel auf alle Vertragspartner aufgeteilt. Somit kann beispielsweise ein Unternehmer mit einer innovativen Ausführungsweise einen Erlös für das Projektteam erreichen, wobei sein eigener Gewinn über dem Marküblichen liegt. Andererseits werden auch die Projektrisiken geteilt, die gegenwärtig oft überwiegend bei dem ausführenden Unternehmer liegen.

---

[87] vgl. (Liebich, Schweer, & Wernik, 2011) Seite 8 und 16-18
[88] (Gehbauer & Heidemann, 2010) Seite 117

Die Verhaltensregeln innerhalb des Projektteams werden mit Hilfe der "Five Big Ideas"[89] beschrieben, die von Sutter Health, einem Bauherrn im Bereich Gesundheitswesen, geprägt wurden. Diese bilden das Fundament für die teamorientierte Zusammenarbeit.[90]

Allianz-Verträge

Eine weitere Vertragsform bzgl. der Abwicklung von Bauvorhaben erfolgt in Australien mit Hilfe der Allianz-Verträge vor allem im Bereich Infrastruktur. Der Bauherr, Architekt und Generalunternehmer (GU) arbeiten in einer "fiktiven Projektgesellschaft"[91] zusammen, in der alle Parteien gleichberechtigt sind, vergleichbar mit einer Arbeitsgemeinschaft (ARGE) in Deutschland. Auch hier steht der Projekterfolg, wie beim IFOA, im Vordergrund. Vor Projektstart bewerben sich Teams aus Architekt und GU, die bestenfalls ausschließlich mit Hilfe von qualitativen Kriterien ausgewählt werden. Diese Auswahl erfolgt mit Hilfe der "Single-Target Outturn Cost Method"[92] (TOC), bei derjenige Bieter gewinnt, der den größten Wert mit gegebenen Mitteln für den Bauherrn generiert. Es wird ein Mehrparteienvertrag zwischen den Projektpartnern geschlossen, der die "Ein-Team-Auffassung" unterstützt. Hierbei haben alle Partner das gleiche Stimmrecht und das Ergebnis des gesamten Projektes steht im Vordergrund. Jede Allianz entwickelt dabei auf Grundlage der Festlegungen des Bauherrn Regeln, wie die Zusammenarbeit im Team zu erfolgen hat.

Die Vergütung ist ähnlich wie im IFOA geregelt. Oft werden die Gewinne zu gleichen Anteilen zwischen dem Bauherren sowie den anderen Projektbeteiligten aufgeteilt. Die Zusammenarbeit im Team wird durch die Grundsätze "das Beste für das Projekt" und "no fault - no blame" gestärkt.[93] Über 80 % der in Australien durchgeführten Allianzen wurden vor dem vereinbarten Bauzeitende und mit geringeren Zielkosten als geplant fertig gestellt. Demgegenüber wurden nur 16,7 % der Projekte, die mit traditionellem Projektmanagement durchgeführt wurden, innerhalb des Budgets abgeschlossen und 39 % zum geplanten Termin beendet.[94]

Größtenteils sind die Vertragswerke des IFOA und der Allianzen gleich. Beide Mehrparteienverträge setzten auf eine kooperative Zusammenarbeit zwischen den Projektbeteiligten und streben ein faires Vergütungs- und Anreizsystem an. Der größte Unterschied zwischen den beiden Verträgen besteht in der Verschiedenartigkeit der Abwicklungsformen des Bauprojektes. Die Allianz-Verträge können auch andere Werkzeuge, beispielsweise aus dem traditionellem Projektmanagement beinhalten, wohingegen die IFOA nur eine Projektabwicklung nach Lean Management Methoden zulässt. Die Pro-

---

[89] Five Big Ideas: Zusammenarbeiten, wirklich Zusammenarbeiten; Projekt als ein Netzwerk von Zusagen; Verstärkte Beziehung zwischen den Projektbeteiligten; Optimierung des Gesamtprojekts; enge Verknüpfung von erlerntem mit Handlungen in Anlehnung an (Heidemann, 2010)
[90] vgl. (Gehbauer & Heidemann, 2010) Seite 116 ff.
[91] (Gehbauer & Heidemann, 2010) Seite 117
[92] vgl. (Finance, 2006) Seite 15
[93] vgl. (Professionals, 2012)
[94] vgl. (Ltd, 2008)

jektprinzipien beim IFOA beruhen auf den "five Big Ideas", bei den Allianzen hingegen auf vom Bauherrn festgelegten Grundsätzen, die projektabhängig angepasst werden können. Bei Streitigkeiten zwischen den Projektpartnern ist es oberstes Gebot beim IFOA diese beizulegen und deren Entstehung schon zu vermeiden. Die Allianzen gehen hierbei noch einen Schritt weiter. Diese legen einen rechtlichen Streitverzicht fest.

Ergänzung der bisherigen Verträge mit einem BIM-Anhang

In den USA wird zudem eine weitere Vertragsform praktiziert, bei der die bisherigen Generalplaner- und Generalunternehmerverträge mittels BIM-Anhangs erweitert werden. Hierzu ist in der "Anlage 1 - BIM Vereinbarungen" ein entsprechender Vertragszusatz angefügt. In diesem Zweiparteienvertrag zwischen Bauherr und Planer bzw. Bauherr und Bauunternehmer werden die zu erbringenden BIM-Leistungen in den Vertragsanlagen definiert, jedoch ohne die Vertragsbeziehungen zwischen den Hauptakteuren zu verändern. Die BIM-Vertragsanlagen beinhalten Regelungen zu den Anforderungen an das Modell, der Zusammenarbeit zwischen den Beteiligten oder auch die Leitungsabgrenzung der zu erbringenden Leistungen. Zudem können hier Grundsätze zur Vergütung und der Urheberrechte am Modell festgelegt werden. Die Vertragszusätze der Planung wurden beispielsweise vom American Institute of Architecs (AIA, 2008) und die Ausführung von ConsensusDocs (ConsensusDocs, 2008) herausgegeben. Um die Vertragsgestaltung effektiv zu gestalten und nicht durch vertragliche Hemmnisse zwischen den Hauptbeteiligten die Leistungsfähigkeit der BIM-Planung zu beeinträchtigen, werden Generalplaner- und Generalunternehmerverträge empfohlen. Die Beauftragung der Fachplaner oder Bauunternehmer über einzelne Verträge würde durch zusätzliche Schnittstellen die Vorteile des BIM mindern und zudem den Ausschreibungsaufwand des Bauherrn unnötig erhöhen.[95]

Der Vorteil der Zweiparteienverträge gegenüber den Mehrparteienverträgen liegt in der klaren Abgrenzbarkeit des Urheberrechts. Bei der erstgenannten Variante erstellt der Generalplaner die beauftragte Leistung, also im Allgemeinen eine mängelfreie Planung des Bauwerks und übergibt diese mit den nötigen Nutzungs- und Verwertungsrechten an den Bauherrn. Der Auftraggeber übergibt die Planung dann dem Unternehmer zur Erstellung des Bauwerkes. Im Mehrparteienvertrag ist diese Abgrenzung nicht möglich, somit muss die Abtretung der Urheberrechte zu Gunsten des Projektes vereinbart werden.

Jedoch liegt ein großer Nachteil sowie Potentialverlust in der Vereinbarung von Zweiparteienverträgen. Hier ist eine Einflussnahme der ausführenden Unternehmen in die Planungsphase nicht möglich. Bei der Generalunternehmerabwicklung steigt das Bauunternehmen frühestens bei der Ausführungsplanung des Gebäudes in das Projekt ein. Ein für die Ausführung effizient gestalteter Entwurf ist somit nicht mehr durch das ausführende Unternehmen beeinflussbar. Die frühzeitige Einbindung des Unternehmens bereits in die Planung durch einen Mehrparteienvertrag wird hier als effizienzsteigernde Lösung gesehen. Dagegen widersprechen indes die Grundsätze der Vergabe nach VOF bzw. VOL/A und VOB/A, die für öffentliche Auftraggeber zwingend gelten, welche

---

[95] vgl. (Liebich, Schweer, & Wernik, 2011) Seite 18 und 20-22

eine strikte Trennung zwischen Planung und Ausführung vorsehen. Im privatwirtschaftlichen Bereich ist eine Vereinbarung von Mehrparteienverträgen hingegen möglich, da hier eine zwingende Verfahrensweise nach VOF bzw. VOL/A und VOB/A nicht erforderlich ist.

Nachfolgend werden verschiedene Varianten beschrieben, in welchen vertraglichen Beziehungen die Beteiligten zueinander stehen können. Dabei wird von Zweiparteienverträgen ausgegangen, da diese auch für die öffentlichen Auftraggeber relevant sind.

Planungs-Arbeitsgemeinschaft

Hierbei hat der Bauherr einerseits einen Werkvertrag nach §631 ff. BGB mit einer Planungs-Arbeitsgemeinschaft, andererseits einen Bau- oder Werkvertrag nach VOB/B oder BGB. Im Werkvertrag der Planer-ARGE werden zusätzlich die BIM-Leistungen vereinbart, wodurch ein BIM-Vertrag entsteht. Dadurch ist eine gute Vernetzung der Planungsleistungen möglich, da alle Planer auf die gleiche Leistungsbeschreibung zugreifen. Auch die Verteilung des Planungshonorars obliegt der ARGE und erfolgt aufwandsgebunden und unabhängig von der HOAI. Die Kostenlegung der Planung gegenüber dem Bauherrn werden im Kapitel 4.3.5 beschrieben. Sofern alle benötigten Fachplaner in der ARGE eingebunden sind, ist es nicht erforderlich die einzelnen Leistungen vertraglich untereinander festzulegen, da jeder Fachbereich jeweils dessen Leistungsbeitrag abdeckt. Die Planer-ARGE arbeitet dann deren Gebäudeplanung im zentralen Gebäudemodell aus.[96]

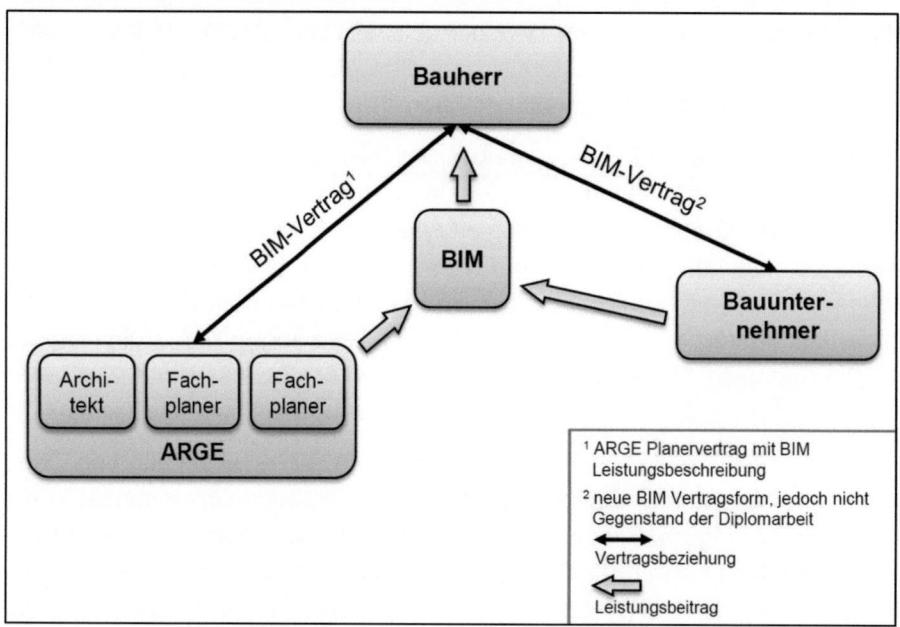

Abbildung 12 - Planungs-ARGE[97]

---

[96] vgl. (Liebich, Schweer, & Wernik, 2011) Seite 35
[97] eigene Darstellung in Anlehnung an (Liebich, Schweer, & Wernik, 2011) Seite 35

Generalplaner mit Subplaner

Diese Variante ist nicht ganz so optimal wie die vorher beschriebene Planungs-ARGE, da hier zwar der Generalplaner auch wie bei der 1. Variante den einheitlichen BIM-Vertrag mit dem Bauherrn schließt, die Leistungsbereiche jedoch in die verschiedenen Planungsdisziplinen vertraglich und nach Leistungsbereichen aufgeteilt werden. Dies erfordert auf Generalplanerseite vor allem bei Leistungsstörungen einen erhöhten Organisationaufwand, da diese getrennt nach den einzelnen Fachplanern zu beheben sind. Der juristische Aufwand durch die einzelnen Werkverträge mit den Subplanern ist ebenfalls höher als bei der Planungs-ARGE.[98]

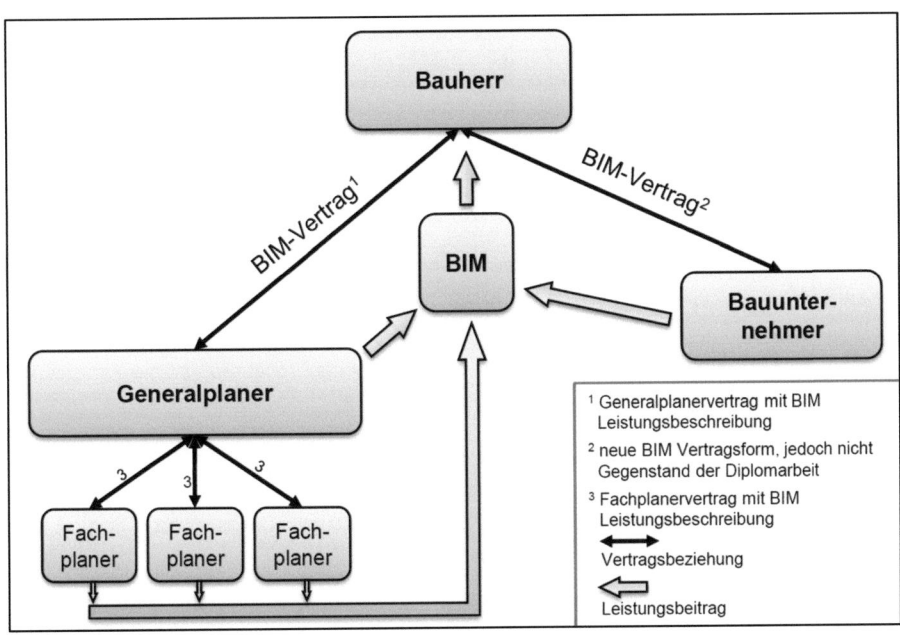

Abbildung 13 - Generalplaner mit Subplaner[99]

Totalunter(-über)nehmer

Darunter wird die Planung und Ausführung des Bauwerks durch einen Totalunternehmer (TU) oder Totalübernehmer (TÜ), (diese sind meist Baukonzerne), verstanden. Der TU oder TÜ bekommt wiederum die BIM-Leistungsbeschreibung vom Bauherrn übermittelt. Dieser schließt dann, soweit die Planungsleistungen nicht im eigenen Unternehmen abgedeckt werden können, einen BIM-Vertrag mit dem Planer. Hierbei kann der TU oder TÜ den BIM-Auftrag an eine, wie vorangegangen beschrieben, Planungs-ARGE oder einen Generalplaner bzw. einzeln an die jeweiligen Fachplaner vergeben.[100] An dieser Stelle ist noch zu beachten, dass diese Variante mit TU oder TÜ nicht für öffentliche Auftraggeber möglich ist, da das Beauftragen eines Totalunternehmers oder Totalübernehmers gegen den 1. Abschnitt der VOB/A verstoßen würde, der die

---

[98] vgl. (Liebich, Schweer, & Wernik, 2011) Seite 36
[99] eigene Darstellung in Anlehnung an (Liebich, Schweer, & Wernik, 2011) Seite 36
[100] vgl. (Liebich, Schweer, & Wernik, 2011) Seite 37

Ausschreibung von Planungsleistungen durch den Bauherrn vorsieht und nicht wie hier durchgeführt vom TU oder TÜ.[101] Außerdem ist bei dieser Abwicklungsform zu beachten, dass die HOAI generell nicht Vertragsbestandteil zwischen Bauherr und TU/TÜ werden kann, da der Auftragnehmer ja nicht nur Planungs- sondern auch Ausführungsleistungen durchführt.

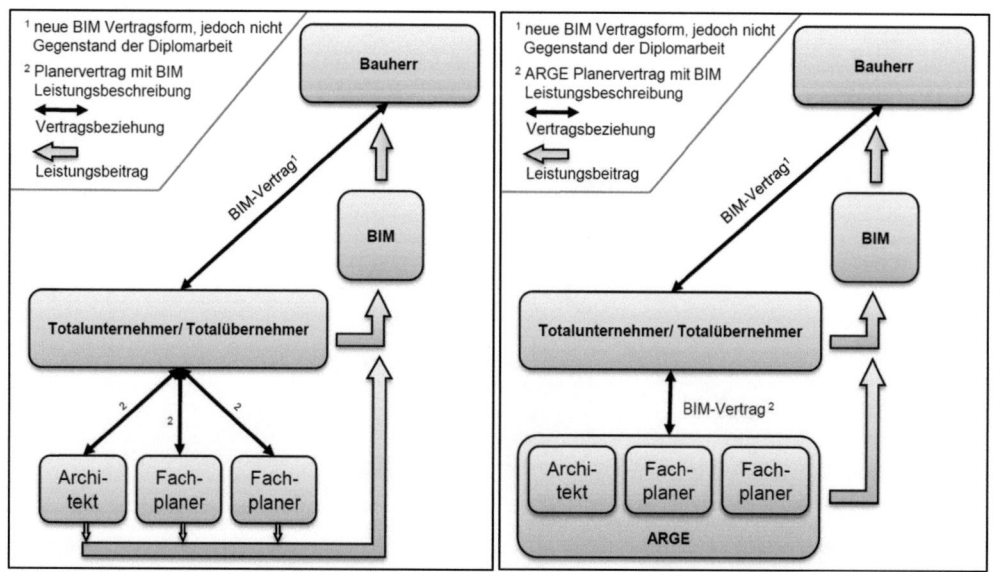

Abbildung 14 - TU-TÜ - Planer[102]   Abbildung 15 - TU-TÜ - Planungs-ARGE[103]

4.3.5 Bemessung des Planungshonorares

Grundsätzlich handelt es sich bei der Planung von Bauwerken, auch mit BIM, um Architekten- und Ingenieurleistungen für die das Preisrecht der HOAI gilt. Jedoch ist unter Beachtung der Aufwandverschiebung der Leistungen durch BIM, wie in Kapitel 4.3.2 dargestellt, die Abrechnung nach den Leistungsphasen der HOAI nicht mehr möglich. Ein BIM-Vertrag sieht mehr Leistungen zu früheren Zeitpunkten vor als bisher in der HOAI geregelt. Die vielfältigen Auswertungsmöglichkeiten durch BIM haben eine Reduzierung des Aufwandes in späteren Planungsphasen zur Folge. Hierdurch ist auch eine Verschiebung des Honorares zwangsläufig erforderlich. Zudem muss der höhere Aufwand das Modell an sich zu erstellen, ebenfalls adäquat vergütet werden, wodurch folglich ein höherer Vergütungsanteil dem Objektplaner, meistens dem Architekten, zusteht.[104]

Diese Aussagen werden zusätzlich durch eine vom Karlsruher Institut für Technologie durchgeführten Umfrage bestätigt, wobei BIM-Anwender sowie Nicht-Anwender die

---

[101] vgl. (VOB/A, 2009) §1-§7
[102] eigene Darstellung in Anlehnung an (Liebich, Schweer, & Wernik, 2011) Seite 37
[103] eigene Darstellung in Anlehnung an (Liebich, Schweer, & Wernik, 2011) Seite 37
[104] vgl. (Liebich, Schweer, & Wernik, 2011) Seite 21-22

Honorare für BIM-Leistungen in der HOAI nicht abgebildet sehen. Dadurch ergibt sich eine große Ungewissheit bei den BIM-Nichtanwendern die Methodik einzuführen. Der Einwand der BIM-Anwender gegenüber der unverhältnismäßig geregelten Abrechnungssätze zeigt den nötigen Veränderungsbedarf diesbezüglich.[105]

Durch die Problematik der Honorarverschiebung ergibt sich im Bereich des Preisrechts die Anforderung an den Verordnungsgeber, die derzeitigen Regelungen zu überprüfen und anzupassen. Eine Möglichkeit wäre, BIM-Verträge generell von der öffentlichen Preisbindung zu entkoppeln und so eine variable Vereinbarung zwischen Auftragnehmer und Auftraggeber zuzulassen. Die andere Variante sieht die Einführung eines neuen Preisrechts für BIM-Leistungen vor. Diese bildet wesentliche Vorteile gegenüber der Erstgenannten, da hier nicht nur Leitungsbilder (z.B. für BIM-Manager), sondern auch die Aufwandsverteilung neu geregelt werden könnte.[106]

Die Verhandlung der Vertragspartner, ob die Vergütung nach Stundensätzen abgerechnet oder pauschaliert wird, ist weiterhin projektspezifisch zu bestimmen. Zudem wird die Höhe der Vergütung bei der Einführung und Erprobungsphase von BIM-Leistungen vermutlich höher sein, als bei der jetzigen Vergütung nach HOAI. Dies wird jedoch der freie Markt bestimmen, wodurch derzeit noch keine gesicherten Angaben getroffen werden können.

Es ist festzustellen, dass die Verteilung des Honorares wichtiger Bestandteil bei der Einführung von BIM ist, die jedoch projektspezifisch geregelt werden sollte, da jedes Bauprojekt andere Anforderungen an das Building Information Modeling aufweist.[107]

4.4 Integration von Ausführenden in die Planung

Die derzeitige Projektdurchführung in Deutschland sieht größtenteils eine Trennung von Planung und Ausführung vor. Dabei ist der Architekt/Planer in bereits sehr frühen Phasen der Projektabwicklung involviert, worauf sich dessen weitere Tätigkeit bis in die ersten Betriebsjahre fortführt. Hingegen werden die Bauunternehmen erst relativ spät, nach Erstellung der Planung eingebunden. Projektabwicklungsvarianten, bei denen der Auftragnehmer Bau schon frühzeitig in die Planung eingebunden wird, wie bei einer Abwicklung mit Totalunternehmer oder -übernehmer, sind derzeitig nur im Bereich des privaten Bausektors möglich. Die Vergaberichtlinien verwehren den öffentlichen Bauherren diese Projektdurchführungsvariante.[108]

Gerade im Hinblick auf eine integrierte, lebenszyklusorientierte Projektplanungsmethode ist es wichtig, die Ausführenden mit in die Planung einzubinden, da beispielsweise in Bezug auf die Lebenszykluskosten eines Bauwerkes, die Bautätigkeit an sich circa 17 % der Gesamtkosten verursacht. Hingegen ergeben sich für die Planung 3 % und den Betrieb 80 %. Dies zeigt die hohe Relevanz, ein Bauunternehmen in die Planung

---

[105] vgl. (KIT, 2012) Seite 165
[106] vgl. (Liebich, Schweer, & Wernik, 2011) Seite 21-22
[107] vgl. (Liebich, Schweer, & Wernik, 2011) Seite 43-44
[108] vgl. (VOB/A, 2009) §1-§7

einzubinden, um für den Anteil Bauen sowie den dadurch beeinflussten Anteil Betrieb, die wirtschaftlichste Lösung zu finden.

Wie bereits in Kapitel 4.3.4 erläutert, werden, beispielsweise in den USA, Bauprojekte mit Hilfe von Mehrparteienverträgen durchgeführt, wodurch die Bauausführenden frühzeitig in die Planung mit eingebunden werden. Eine mögliche Projektdurchführungsvariante beschreibt das Lean Project Delivery System (LPDS). Das LPDS ist ein in den USA umgesetztes, kooperatives Projektabwicklungssystem auf Grundlage der Lean-Construction-Theorien. Es setzt auf eine integrierte Projektrealisierung mit Hilfe eines Teams aus wenigstens dem Bauherrn, Architekten sowie Fachplanern und dem ausführenden Generalunternehmers sowie Nachunternehmern. Diese Arbeitsgruppe wird vor Projektstart vom Bauherrn gegründet. Es wird auf eine gemeinschaftliche Planung und Ausführung geachtet, wobei alle Entscheidungen gemeinsam getroffen werden. Alle Partner dieser Gruppe sind gleichgestellt und im Kollektiv für den Projekterfolg verantwortlich. Die Werkzeuge, um dieses rein projektdienliche, unter Vernachlässigung der Einzelinteressen, Verhalten der Projektbeteiligten zu erreichen, sind neben dem Building Information Modeling, das Last Planner™ System, das Target Value Design, der kontinuierliche Verbesserungsprozess und das Value Stream Mapping, welche jedoch im Rahmen dieser Monographie nicht weiter beschrieben werden.[109]

Ergebnisse verschiedenster, internationaler Projekte zeigen, dass durch die Arbeit in einem integrierten Team eine Bauzeitverkürzung von bis zu 30 % möglich war. Weiterhin konnten Herstellungskosten erreicht werden, die 15 % unterhalb des amerikanischen Marktindexes lagen.[110]

Jedoch ist die Umsetzung von Mehrparteienverträgen in Deutschland als schwierig zu betrachten, da folgende Hemmnisse vor allem bei den Bauherren bestehen:

- Veränderung der traditionellen zweigleisigen Verträge (getrennt nach Ausführung und Planung) erfordert einen weitreichenden Prozess der Umgestaltung nicht nur im Vertragswesen, sondern auch im Bereich des Projektmanagements.
- Die Vereinbarkeit mit der VOL bzw. VOF sowie der VOB ist nicht vorhanden, weshalb diese Vertragsformen von öffentlichen Auftraggebern nicht umgesetzt werden können.
- Um ein Pilotprojekt zu initiieren, ist es wichtig, sich mit Referenzprojekten aus dem Ausland zu beschäftigen und deren Abwicklungsform nach Deutschland zu implementieren. Diesen Aufwand scheuen viele Auftraggeber, da diese einerseits nicht die Potentiale in der Abwicklungsform sehen, andererseits diesen Anfangsmehraufwand personell nicht abdecken können und somit auf konventionelle Projektabwicklungsverfahren vertrauen.

Durch die vorangehend aufgelisteten Hürden seitens des Bauherrn, der Projektinitiator und Vertragsgeber für die Planenden und Ausführenden ist, wird in Zukunft auch wei-

---

[109] vgl. (Gehbauer & Heidemann, 2010) Seite 117-120
[110] vgl. (Company, 2008) Seite 12

terhin eine zweipolige Vertragskonstellation zu erwarten sein. Aufgrund dieser Differenzierung der Planung und Ausführung kann es Konfliktpotential bei der Abwicklung mit BIM-Methoden geben, dem im Voraus durch vertragliche Regelungen oder durch besondere Koordinationsaufgaben vorgebeugt werden muss. Hierbei ist auch zu definieren, wie technologisch und organisatorisch der Übergang des virtuellen Gebäudemodells erfolgen muss.[111]

4.5 Simulation von Bauprozessen mit BIM

Die bereits erfolgreich im Maschinenwesen angewandte Prozesssimulation würde, adaptiert auf das Bauwesen, zusätzliche Vorteile bringen. So könnte der Bauablauf im Vorfeld der eigentlichen Bautätigkeit schon in der Planung simuliert werden, um Erkenntnisse über beispielsweise Engpässe oder Überkapazitäten bzw. Kollisionen während des Bauens zu erhalten. Mögliche Konfliktpunkte auch zwischen einzelnen Gewerken könnten vorab in der Planung visualisiert und nicht erst während der Ausführung mit ad-hoc-Maßnahmen aufwändig und kostenintensiv beseitigt werden. Jedoch ist eine Simulierung sehr aufwändig. In der Industrie wird durch die hohen Stückzahlen eines Produktionsobjektes ein großer Nutzen für den geleisteten Aufwand hergestellt. Durch die größtenteils Einzelfertigung im Bauwesen, kann dieses Aufwand-Nutzen-Verhältnis nur mittels einer Bauobjektbibliothek erzeugt werden, die schnell und flexibel die eingegebenen Bauteile miteinander verknüpft. Zudem ist das Bauwesen geprägt von Unvorhergesehenem (z.B. Schlechtwetter), was in die Bauablaufplanung, vor allem bei Winterbaustellen, mit eingebunden werden muss.[112]

Die derzeitige Bauablaufplanung sieht eine Darstellung mit Hilfe von Balken, oder im Infrastrukturbau mit Weg-Zeit-Diagrammen vor. Darin werden die Ausführungsdauern für bestimmte Leistungen festgelegt. Es können zudem Ressourcen (z.B. Anzahl der Arbeitskräfte) zu den einzelnen Vorgängen zugeordnet werden. Gerade bei größeren Bauprojekten gestaltet sich der Umfang dieser Ablaufpläne meist als erheblich, was schnell zu einer Unübersichtlichkeit führen kann. Außerdem ist es möglich, verschiedene Leistungsstände auf 2D-Plänen abzubilden, wodurch jedoch nicht alle Teilarbeitsprozesse vollständig dargestellt werden können. Der aktuelle Baufortschritt wird meistens nur händisch in die jeweiligen Papierpläne eingetragen, was eine elektronische Weiterverwendbarkeit unmöglich macht.[113]

Die nachfolgende Abbildung stellt die 4D-BIM Planung dar:

---

[111] vgl. (Liebich, Schweer, & Wernik, 2011) Seite 38
[112] vgl. (Borrmann & Günthner, 2011) Seite 5
[113] vgl. (Mack & Wimmer, 2011) Seite 162

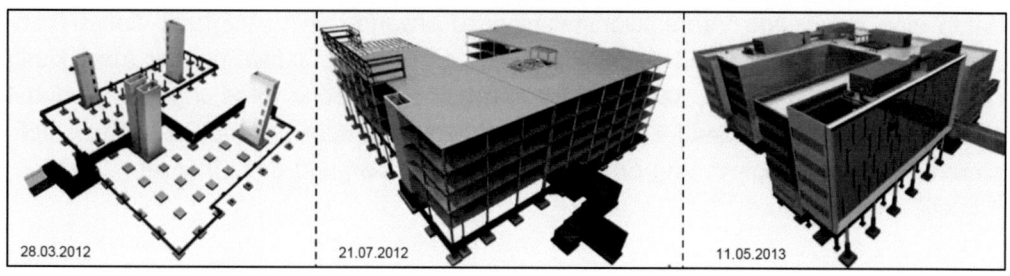
Abbildung 16 - Simulation des Bauprozesses[114]

Die reine Verknüpfung des 3D-Gebäudemodells mit dem Terminplan und die dadurch entstehende, statische 4D-Visualisierung ermöglicht zwar eine bessere Übersichtlichkeit der Arbeitsschritte, jedoch deckt diese keine Engpässe in der Ressourcenplanung oder Tätigkeitsüberschneidungen, also Schnittstellenprobleme auf. Um diesem Defizit entgegen zu wirken, beschäftigt sich die Forschung seit mehreren Jahren mit der ergebnisorientierten Ablaufsimulation. In dieser dynamischen, unstetigen und ereignisgesteuerten Simulation werden über die Zeit von verschiedenen Objekten Ereignisse ausgelöst. Diese Ereignisse können weitere Vorgänge auslösen, die auch wechselseitig Einfluss auf andere Abläufe haben können. Somit kann schon in der Planung die Ausführung detailgenau auf mögliche Fehler hin untersucht werden. Es ist zudem die Einbindung der individuellen Arbeitsvorgänge der Bauausführung über stochastische Kennziffern möglich.[115]

Der Aufwand der ergebnisorientierten Ablaufsimulation ist jedoch vor der Erstellung auf den möglichen Nutzen hin zu untersuchen. Vor allem die komplexen Randbedingungen auf Baustellen machen diese Variante der Simulation im Bezug auf die Faktoren Zeit und Kosten sehr aufwändig. Randbedingungen können zum Beispiel fehlende Eingangsdaten (Prozesszeiten), die Flexibilität der Arbeitsabläufe oder die Unsicherheiten am Bau (Wetter) sein.[116]

Der Forschungsverbund ForBAU entwickelte ein Konzept für die bauteilorientierte und dynamische Simulation des virtuellen Gebäudemodells. Damit ist es möglich, das über Zeit veränderliche Modell mit Ressourcen und Vorgängen zu verknüpfen sowie den Baufortschritt zeitveränderlich darzustellen. Die 4D-Visualisierung des Baufortschritts, Auswertungen zur Ressourcenauslastung, ein auf die Ausführung optimierter Terminplan sowie Kollisionsprüfungen der späteren Ausführung sind somit schon in der Planung möglich.[117] Die 4D-Visualisierung ermöglicht eine große Vorhersehbarkeit der Ausführung, welche Fehler in der Planung frühzeitig aufdecken kann. Der höhere Aufwand dieser Simulation des Bauablaufes in der Planungsphase wird mit einem wirt-

---

[114] eigene Darstellung Bildmaterial aus (ENGworks, 2012)
[115] vgl. (Horenburg & Günthner, 2011) Seite 164
[116] vgl. (Wimmer & König, 2011) Seite 175-176
[117] vgl. (Horenburg, Borrmann, & König, 2011) Seite 182

schaftlichen Vorteil in der Ausführungsphase, aufgrund der Optimierung des Ressourcen- oder auch Maschineneinsatzes gerechtfertigt.[118]

Auf genaue Vorgehensweise bei der Ablaufsimulation wird im Rahmen dieser Publikation nicht eingegangen, es wird jedoch auf Kapitel 4.4 und 4.6 von (Günthner & Borrmann, 2011) verwiesen.

---

[118] vgl. (Wimmer, 2011) Seite 201

5. Datenmanagement im Bauwesen

5.1 Probleme beim Datenaustausch in der Praxis

Der derzeitige Datenaustausch zwischen Planern ist größtenteils von einer digital unterstützten Arbeitsweise geprägt. Dabei werden meistens Pläne in E-Mails im PDF-Format weiter gegeben, welche mit Vermerken zu gemachten Änderungen versehen sind. Diese Änderungen werden dann mühsam manuell in die jeweilige Software des Fachplaners übertragen. Die Datenweitergabe per E-Mail hat dahingehend noch Nachteile, dass nicht jeder Beteiligte am aktuellen Stand der Planung arbeitet. Dies führt zu Mehraufwand und dadurch Mehrkosten bei einem Abgleich der kompletten Planung. Herstellerspezifische Dateiaustauschformate (z. B. rvt-Format von Autodesk) bieten die Möglichkeit des Datenaustausches. Dies erfolgt jedoch nur auf Basis von Geometrie-Informationen, was die Übergabe von weiteren, bauteilrelevanten Daten unmöglich macht. Außerdem werden fremde Softwarelösungen benachteiligt. Verschiede andere Dateiformate (z.B. STEP-CDS) sind zwar offene Formate, die jedoch nur 2D-Geometriedaten übertragen können, was eine Nutzung für die 3D-BIM-Methode nicht ermöglicht.

Die Übertragung der Daten zwischen verschiedenen Softwarelösungen kann inkonsistent sein, was die direkte Weiterverarbeitbarkeit der Pläne nicht ohne eine Überprüfung ermöglicht. Bei jedem Beteiligten entsteht durch die Datenverwaltung ein hoher organisatorischer Aufwand. Diese Zeit sollte eigentlich in die Konstruktionsaufgabe investiert werden, um eine mangelfreie Planung zu erstellen.

Ziele eines wirkungsvollen und korrekten Datenmanagements sollen sein, die Qualität der Daten zu verbessern, den Aufwand der Datenverwaltung zu reduzieren, sowie einen einheitlichen und herstellerneutralen Datenaustausch zu ermöglichen.

Das bereits im Maschinenbau angewendete Produktdatenmanagementsystem (PDM-System) ermöglicht ein effektives Datenmanagement, welches die Grundlage der effizienten Nutzung großer Datenmengen ist. Hierauf wird in Kapitel 5.3 eingegangen. Die Frage nach dem Verwalter des Datenmodells muss im Vorfeld der Planung geklärt werden. Dies wird gleich gesetzt mit dem Begriff BIM-Manager, welcher schon in Kapitel 4.1.3 eingehend diskutiert wurde. Der wesentlichste Punkt wird jedoch die durchgehende und vollständige Übertragung der Daten sein, welche mit einheitlichen und softwareübergreifenden Lösungen erfolgen muss. Dies kann durch Industry Foundation Classes (IFC) erfolgen, was in Kapitel 5.2 beschrieben wird.[119]

Die vorangegangen, aufgeführten Probleme verursachten im Jahre 2002 allein in den USA Mehrkosten im Bereich Planung, Ausführung und Betrieb von Bauwerken in Höhe von 15,8 Mrd. US-Dollar.[120] Dies gilt es mit geeigneten Maßnahmen zu verhindern, die in den folgenden Kapiteln beschrieben werden.

---

[119] vgl. (Liebich & Hoffeller, 2008) Seite 6-8 und (Borrmann & Günthner, 2011) Seite 4-5
[120] vgl. (Gallaher, O'Connor, Dettbarn, & Gilday, 2004) Seite 7

5.2 Optimierungspotentiale der Datenverarbeitung im Bauwesen mit IFC

Um die Probleme der Praxis im Bezug auf einen widerspruchsfreien Datenaustausch zu lösen, wurde von der buildingSMART Initiative, früher bekannt als Industrieallianz für Interoperabilität (IAI), ein softwareübergreifender, offener Datenaustauschstandard entwickelt. Die sogenannten Industry Foundation Classes (IFC) beschreiben diesen Standard. Die derzeitige Version der IFC ist die Version IFC4, welche als ISO 16739:2013 veröffentlicht wurde. Der IFC-Standard wurde damit erstmalig als ISO-Norm vollständig akzeptiert.[121]

Dabei wird die Entwicklung eines einheitlichen Standards als grundlegendster Faktor für die Einführung eines unternehmensübergreifenden, softwareunabhängigen Datenaustauschs gesehen. Nur durch ein normiertes Übergabeformat können die Potentiale der BIM-Methode vollständig genutzt werden und effektiv neue Prozesse umgesetzt werden.[122]

Die IFC sollen ein "plattformunabhängiges Basismodell zur gemeinsamen Datennutzung im Bauwesen"[123] darstellen. Dabei soll die gemeinsame Datennutzung und der Datenaustausch im gesamten Lebenszyklus des Bauobjektes ermöglicht werden. Das IFC-Format ermöglicht die Übertragung von 2D- und 3D-Geometriedaten, als auch Attributen (z.B. Raumnummer), Eigenschaften und Beziehungen von Bauteilen im Gebäudemodell. Es werden dabei alle eingegebenen Informationen, beginnend mit dem Entwurf bis hin zum Rückbau, im Modell gespeichert.

Die Art der Beschreibung mit IFC entspricht dem STEP-Standard[124] (Programmiersprache EXPRESS) und wurde durch Erfahrungen aus der Fertigungsindustrie in das Bauwesen adaptiert. IFC hat eine hierarchische, modulare Architektur, wobei das Modell in verschiedene Layer aufgeteilt wird, die in deren Detaillierungsgrad zunehmen.[125]

Die derzeitig noch oft angewendeten Verfahren sehen gesplittete Datenressourcen vor, beispielsweise sind Daten in MS-Excel, auf Plänen oder separaten Listen gespeichert. Diese Daten können durch das IFC-Modell zentral zusammen in einer Gebäudedatenbank verwaltet werden.

---

[121] vgl. (buildingSMART, 2013)
[122] (KIT, 2012) Seite 34
[123] (Rank, Meißner, & Rüppel, 2012) Seite 36-37
[124] STEP (Standard for the exchange of product model data) beschreibt einen genormten Standard für den Austausch von Produktdaten. STEP ist in der ISO-Norm 10303 formal beschrieben und ermöglicht einen softwareübergreifenden Datenaustausch in der 2D-Modellierung. vgl. (Anderl, 1992) Seite 361-362
[125] vgl. (Rank, Meißner, & Rüppel, 2012) Seite 36-37

Im IFC-Modell wird eine Projektstruktur definiert (Projekt, Grundstück, Gebäude, Geschoss), welches einerseits geometrische Bauteildaten (Länge, Breite, Höhe) und andererseits deren Verknüpfung mit anderen Bauteilen enthält. Die nachfolgende Abbildung stellt die Struktur des IFC-Formats dar, welche nach der Untergliederung "IFCGeschoss" exemplarisch, wie dargestellt, weiter untergliedert werden kann.

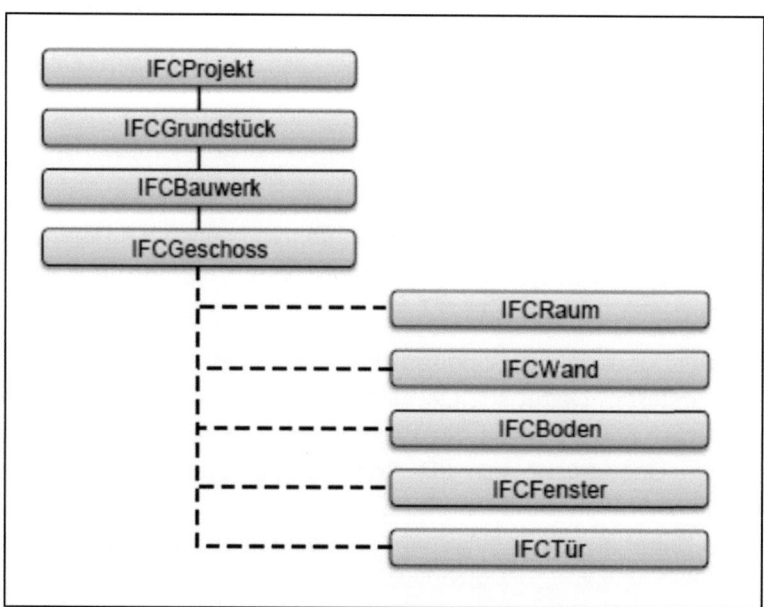

Abbildung 17 - Hierarchische Struktur des IFC-Formats[126]

Dabei muss während der Planung darauf geachtet werden, dass in das Modell nicht traditionelle Strichzeichnungen eingefügt werden. Die Bauteile müssen als Objekte definiert werden. Inzwischen sind in fast allen Konstruktionsprogrammen Bauteilfunktionen (z.B. für Wände, Türen, Stützen, usw.) integriert, damit eine objektorientierte Gebäudeplanung möglich wird. Die Gebäudemodelle haben dann verschiedene Anforderungen in der jeweiligen Projektphase, was in "Anlage 2 - Mindestanforderungen an die Entwurfsphase", beispielhaft für die Entwurfsphase des Architekturmodells, dargestellt ist. Diese Anforderungen werden mit Hilfe des "BIM-Handbuchs" (vgl. Kapitel 4.1.1) als Leistungsbeschreibung in den Planungsvertrag aufgenommen.[127]

---

[126] vgl. (Kaminski, 2010) Seite 233
[127] vgl. (Liebich & Hoffeller, 2008) Seite 10-20

5.3 Datenmanagement im Bauwesen

5.3.1 Zentrale Datenverwaltung

Ziel der zentralen Datenverwaltung ist die ständige Aktualität der Daten des Gebäudes. Zurzeit wird häufig an Plänen mit veralteten Planständen gearbeitet, was einen hohen Koordinations- und Nacharbeitsaufwand bei der Zusammenstellung der Unterlagen zur Folge hat. Sofern Unterschiede zwischen den Plänen nicht beseitigt werden, können Fehler auftreten, die Mehrkosten, vor allem in der Bauphase, hervorrufen. Hierdurch zeigt sich, dass der derzeitig oft praktizierte Planaustausch per E-Mail sehr fehleranfällig ist, da nicht gewährleistet ist, dass jeder Beteiligte gleichermaßen informiert wird. Abhilfe kann hierbei die zentrale Datenverwaltung mit Hilfe eines BIM-Servers schaffen, auf dem alle relevanten Bauwerksdaten zentral verwaltet werden. Alle Projektbeteiligen können, je nach Zugriffsrecht, auf die Daten jederzeit zugreifen und diese verändern. Planfreigaben des Bauherrn werden, wie die Planänderungsdokumentation, über dem BIM-Server abgewickelt. Jeder Projektbeteiligte greift dabei entweder direkt mit dessen Konstruktionsprogramm oder mit einer Projektmanagementsoftware auf die zentral hinterlegten Daten zu. Die bereits erfolgreich im Maschinenbau angewendeten Produktdatenmanagementsysteme (PDM-Systeme) können hierbei Grundlage für die strukturierte Verwaltung von Bauwerksdaten, von der Planung bis hin zur Verwertung, über die komplette Lebenszyklusphase des Bauwerkes sein. Die nachfolgende Übersicht visualisiert den zentralen Datenzugriff der Planungs- und Ausführungsbeteiligten auf den BIM-Server. Diese können natürlich noch um weitere Projektbeteiligte (Behörden, Betreiber, usw.) erweitert werden, was jedoch aus Übersichtlichkeitsgründen nicht dargestellt wurde.

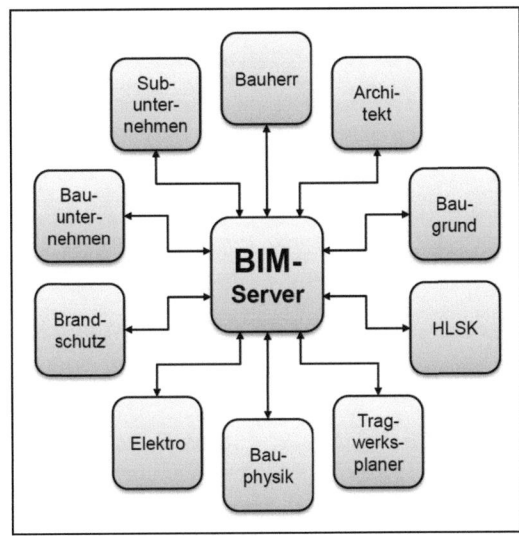

Abbildung 18 - Zentrale Datenverwaltung[128]

---

[128] eigene Darstellung

Die letztendliche Umsetzung der zentralen Datenverwaltung birgt in der Praxis oft Hindernisse in technologischer und organisatorischer Hinsicht, was im Kapitel 5.3.2 eingehender beschrieben wird. Die Datenverwaltung kann, im Gegensatz zur zentralen Verwaltung, auch über abgetrennte Teilsysteme (z.B. Bürolösungen) erfolgen, welche dann nur teilweise untereinander kommunizieren. Diese Lösung würde jedoch wieder das Problem der Aktualität der Unterlagen zwischen allen Projektbeteiligten nicht abschließend lösen.[129]

Die Arbeiten am zentralen Bauwerksmodell können gleichzeitig von mehreren Planern durchgeführt werden, was den Planungsprozess an sich verkürzt. Pläne werden hier per Knopfdruck vom Bauherrn freigegeben, was den organisatorischen Aufwand verringert und so eine schnelle Planung ermöglicht. So kann jeder Planungsbeteiligte auf den bestätigten, aktuellen und verbindlichen Planungsstand zugreifen und mit diesem arbeiten.

5.3.2 Hindernisse des unternehmensübergreifenden Datenmanagements

Die Umsetzung der zentralen Datenverwaltung im Bauwesen weist einerseits technologische Hindernisse auf. Hier ist festzustellen, dass die Einrichtung und Administration der BIM-Server mit einem technischen Aufwand verbunden ist, der Kosten verursacht. Ebenfalls müssten gegebenenfalls die Nutzer, also hier die Projektbeteiligten, deren Soft- und Hardware auf einem aktuellen Stand halten, was Kosten für die Systeme an sich und für die Weiterbildung der Mitarbeiter verursacht. Die Geschwindigkeit der Datenverbindung muss ausreichend für eine parallele Arbeit am Gebäudemodell sein, was jedoch mit den derzeitig am Markt angebotenen Systemen durchaus gewährleistet werden kann. Auch die einfache Anwendung der Software-Programme ist ein Grund für ein Hindernis bezüglich der Einführung eines zentralen Datenmanagement-Systems. Diesbezüglich versuchen die Software-Hersteller intuitive Benutzeroberflächen zu gestalten, damit ein effizientes Arbeiten ohne kosten- und zeitintensive Schulungen ermöglicht wird. Systemabhängig gibt es hier jedoch erhebliche Unterschiede.

Den technischen Hindernissen stehen andererseits Organisatorische gegenüber. Hierbei muss der Verwalter des Datenmanagement-Systems (BIM-Manager vgl. 4.1.3) als erstes festgelegt werden. Die Vergabe der Zugriffrechte obliegt dem Bauherrn und ist projektabhängig zu klären. Dies kann unternehmensweise oder personenbezogen erfolgen und wird projektabhängig eingerichtet. Außerdem ist die neue Planungsmethode bei allen Projektbeteiligten zu verankern, wobei sich in der Praxis, zumindest zurzeit, eine große Abneigung gegenüber der vollständigen Transparenz im Planungs- und Ausführungsprozess zeigt. Gründe hierfür können das in der Praxis durchgeführte Nachtragsmanagement sein, welches durch eine gewisse Zurückhaltung von Informationen gestützt wird. Jedoch würde vielleicht die Einführung von BIM "zu mehr Fairness und partnerschaftlicher Zusammenarbeit"[130] im Bauwesen führen. Weiterhin muss in

---

[129] vgl. (Borrmann & Günthner, 2011) Seite 4-5
[130] (Borrmann & Günthner, 2011) Seite 5

der Rechteverwaltung festgelegt werden, dass wenn ein Bauteil freigegeben ist, dieses nicht weiter verändert werden darf. Sofern Änderungen nötig sind, wird ein neuer Planstand dokumentiert.

Die Forderung des Bauherrn in den Ausschreibungsunterlagen bzgl. eines zentralen Datenmanagement-Systems ist grundlegend für die Einführung dieses Systems. Beschriebenes wird auch mit dem Interesse des Auftraggebers begründet, dessen Projekte kostengünstig und termingerecht unter Beachtung der geforderten Qualität durchzuführen. Zudem ist mit den am Bau Beteiligten eine systematische Dokumentation zu vereinbaren, da diese vor allem während des Betriebes oft benötigt wird.[131]

5.3.3 Zentrale Datenmanagement-Systeme

Das zentrale Datenmanagement im Bauwesen kann durch verschiedene Systeme organisiert werden. Das Dokumentenmanagement (DMS)-System verwaltet alle digitalen Dokumente innerhalb des Unternehmens. Eine weitere Möglichkeit der Projektdatenverwaltung beschreiben die Produktdatenmanagement- (PDM)-Systeme, welche die DMS-Systeme um CAD-Daten erweitern. Die Produktmodell-Server, oder auch BIM-Server, charakterisieren eine weitere Art der Datenverwaltung mit Hilfe eines zentralen Daten-Servers auf dem alle relevanten Daten gespeichert werden.

Die vorgenannten Systeme ermöglichen nicht nur die Datenablage an sich, sondern beschreiben ein strukturiertes Datenmanagement, wobei Daten untereinander verknüpft oder verändert werden. Auf die einzelnen Systeme wird nachfolgend eingegangen.

Dokumentenmanagement-Systeme

Die DMS werden weiter unterteilt in Enterprice Content Management (ECM)-Systeme, welche nur unternehmensintern Daten verwalten und in virtuelle Projekträume, die einen unternehmensübergreifenden Datenaustausch zulassen.

Enterprice Content Management (ECM)-Systeme

Das ECM-System verwaltet unternehmensintern alle Datenbestände nicht nur als Archiv, sondern verfügt über eine Datenbank, wodurch schnell auf Daten zugegriffen werden, diese untereinander verknüpft und Zugriffsrechte festgelegt werden können. Die in Tabellenform dargestellte Datenbank enthält beispielsweise Namen, Typen, Ersteller der hinterlegten Dateien und verknüpft den Dateinamen über einen Pfad zum tatsächlichen Speicherort der Dateien. Ob der jeweilige Benutzer die Datei verändern kann wird über die Rechteverwaltung geregelt, bei der sich der Nutzer mit dessen Kennung und Passwort anmeldet. Das ECM-System kann vollständig über spezielle Programme betrieben werden oder über Web-basierte Viewer mit eingeschränktem Funktionsumfang genutzt werden. Vor der Bearbeitung eines Dokuments wird dieses für andere Nutzer gesperrt, damit nicht gleichzeitig am gleichen Dokument gearbeitet werden kann. Der Nutzer, welcher die Datei geändert hat und der Zeitpunkt der Da-

---

[131] vgl. (Schorr & Sanladerer, 2011) Seite 120-122

teiänderung, werden dabei vom System automatisch gespeichert. Jedoch ist bei den ECM-Systemen eine Verbindung mit einem CAD-System nicht oder nur bedingt möglich, wodurch der Einsatz dieser Systeme in Verbindung mit Building Information Modeling nicht empfohlen wird. Bei dem ECM-System werden hauptsächlich Dokumente verwaltet. Eine bauteil- oder objektorientierte Datenverwaltung ist bei diesen Systemen nicht möglich. Diese Systeme können lediglich bei der unternehmensinternen Dokumentenverwaltung von Planern und Ausführenden angewendet werden.

Virtuelle Projekträume

Die virtuellen Projekträume oder auch Projekt-Kommunikations-Management-Systeme, sind den ECM-Systemen sehr ähnlich, ermöglichen jedoch zusätzlich den unternehmensübergreifenden Austausch der Daten über internetbasierte Projektplattformen. Hier betreibt hingegen nicht der Benutzer den Projektraum, wie bei den ECM-Systemen, sondern ein externer Dienstleister, der den Projektraum zur Verfügung stellt und von jedem Nutzer eine Gebühr verlangt. Der Projektraum wird über die Dauer des Bauprojektes an den Nutzer vermietet. Virtuelle Projekträume ermöglichen beispielsweise das Planmanagement, also die Verteilung und Freigabe von Plänen oder das Mängel- und Dokumentenmanagement sowie die Integrierung eines digitalen Bautagebuchs. Die virtuellen Projekträume werden häufig im Bauwesen angewandt. Es handelt sich allerdings auch hier nur um ein Dokumentenmanagement-System, welches nicht objekt- oder bauteilorientiert strukturiert werden kann.[132]

Produktdatenmanagement-Systeme

Die PDM-Systeme sind eine Erweiterung der ECM-Systeme, jedoch mit Bezug auf das Bauteil und nicht auf das hinterlegte Dokument. Ein Bauteil ist dabei ein sogenannter Datencontainer, dem spezielle Eigenschaften oder Daten des Objekts zugeordnet werden. Dem Bauteil Boden können beispielsweise Eigenschaften wie Material, Oberflächenbeschaffenheit oder Prüfprotokolle zugeordnet werden. Das Bauwerk wird hierarchisch in Geschosse, Räume und Bauteile kleinteilig aufgeteilt, um eine Bearbeitung des Modells von mehreren Benutzern zu ermöglichen. Dabei müssen die Dokumente nicht nur den einzelnen Bauteilen zugeordnet sein, sondern können sich auch auf das gesamte Projekt beziehen, wie beispielsweise eine Liste der Projektbeteiligten. Die Integration von CAD-Systemen ist ein großer Vorteil von PDM-Systemen im Vergleich zu den ECM-Systemen. Hierbei ist es möglich, die CAD-Daten (auch 3D) in den Datencontainer direkt zu übertragen und mit den hinterlegten Elementen zu verknüpfen. Bei einer Änderung der Zeichnungs- oder Modelldaten wird auch hier das jeweilige Bauteil für andere Nutzer gesperrt und nach Fertigstellung der Arbeiten ein neuer Dokumentenstand automatisch dokumentiert. Bei den PDM-Systemen wird ein bauteilorientiertes Arbeiten von mehreren Benutzern gleichzeitig ermöglicht. Die Navigation kann dabei direkt im Gebäudemodell erfolgen, was eine intuitive Arbeitsweise zulässt.

Trotz vieler Möglichkeiten, die Vorteile der PDM-Systeme im Bauwesen zu nutzen, haben diese sich noch nicht flächendeckend durchgesetzt. Dies könnte an der Orien-

---

[132] vgl. (Schorr, Dokumentenmanagement-Systeme, 2011) Seite 126-130

tierung der Softwarehersteller an die stationäre Industrie oder auch an dem beschränkten unternehmensinternen Einsatz liegen. Um ein derartiges System in das Bauwesen zu adaptieren, muss dieses einfach zu konfigurieren sein und bestenfalls schon auf Muster-Projektstrukturen in der Datenbank zugreifen, damit der Einrichtungsaufwand sehr gering gehalten wird. Ebenfalls ist es schwierig, die Bauteile so aufzuteilen, dass eine objektorientierte Arbeitsweise möglich ist. Hierzu wird auf die Vereinbarung von BIM-Handbüchern in Kapitel 4.1.1 verwiesen. Generell ist die Anwendung der PDM-Systeme im Bauwesen möglich, allerdings müssen die Systeme speziell auf das Bauwesen angepasst werden.[133]

Produktmodell-Server

Die Produktmodell-Server, oder BIM-Server, unterscheiden sich dahingehend zu den DMS oder PDM-Systemen, dass deren technische Umsetzung anderweitig organisiert wird. Die Server-Systeme weisen als kleinste, verwaltbare Einheit nicht eine Datei auf, wie die anderen beiden Systeme, sondern feingliedrigere Daten wie einzelne Attribute eines Objektes. Hierbei werden diese Attribute direkt in eine Datenbank eingegeben und nicht wie bei den anderen Systemen mit Attributen gefüllte Dateien verwaltet. Die Daten werden dabei objektorientiert gespeichert. Zur Modellierung dieser Datenstruktur wird die Modellierungssprache EXPRESS, die auf den STEP-Standards beruht, verwendet. Somit wird die Kompatibilität mit dem IFC-Format hergestellt, welches ebenfalls auf den STEP-Standards aufbaut.

Im Gegensatz zu den DMS oder PDM-Systemen, wird bei den BIM-Servern eine andere Arbeitsweise angewandt. Die Dateien werden als erster Schritt in einem neutralen Austauschformat (z.B. IFC-Format) gespeichert. Diese Daten werden dann mit Hilfe eines "Check-in" auf dem Server übertragen und darauf gespeichert. Sofern nun ein weiterer Benutzer auf den BIM-Server zugreift kann dieser die Daten wieder auschecken, um diese zu bearbeiten. Der Nutzer muss dabei nur die Daten auschecken, welche er benötigt. Das Auschecken ist dabei nicht auf nur einen Benutzer beschränkt, wie beim DMS oder PDM-System, sondern es kann parallel an dem gleichen, ausgecheckten Teil gearbeitet werden. Die Unterschiede, die bei einer parallelen Bearbeitung am Modell entstehen, werden bei dem nach der Bearbeitung notwendigen "Check-in" manuell zwischen den Planungsbeteiligten beseitigt. Es müssen Einigungen zwischen den Planungsbeteiligten gefunden werden, um ein fehlerfreies Modell zu erhalten. Für die Baubranche ist das ein entscheidender Vorteil im Datenmanagement, da in der Praxis, aufgrund von kurzen Projektzeiten, eine parallele Bearbeitung zwischen den Fachplanern erforderlich ist.

Die flächendeckende Durchsetzung der zentralen Produktmodell-Server in der Praxis bleibt bisher noch weitgehend aus, da die Übertragung der softwaregebundenen Datenformate (z.B. dwg) in neutrale Formate (z.B. IFC) noch nicht reibungslos und ohne Datenverluste funktioniert. Zudem sind die Dokumentenverwaltungsfunktionen noch

---

[133] vgl. (Schorr & Filitz, 2011)

nicht in den Servern direkt integriert, jedoch können diese über Plug-Ins in die BIM-Server eingebunden werden.[134]

5.3.4 Datenmanagement in der Planung

Grundsätzlich sollte ein Datenmanagementsystem hierarchisch aufgebaut sein, damit eine Zuordnung sowie Nachvollziehbarkeit von Informationen ermöglicht wird. Hierzu wird auf Abbildung 17 verwiesen, die die Struktur des IFC-Formats darstellt. Ähnlich dieser Struktur sollte sich das Bauwerk in Objekten, weiterhin Bauelementen und schließlich Bauteile aufgliedern, wo dann die entsprechenden Dokumente zugeordnet werden können. Dadurch entsteht für jedes Bauteil bzw. -element eine nachvollziehbare Dokumentation über den gesamten Lebenszyklus des Bauwerkes.

Das Datenmanagement-System muss darüber hinaus in der Lage sein, über eine Zugriffsverwaltung die Rechte der einzelnen Benutzer festzulegen. Eine integrierte Workflow-Engine unterstützt bei der Freigabe von Plänen und ermöglicht die unbegrenzte Anpassung von Planständen. Die Status der jeweiligen Bauteile können dabei festgelegt werden. Diese können beispielsweise zwischen "in Planung", "im Bau" oder "fertig gestellt" unterschieden werden. Die Festlegung von Abhängigkeiten und Verknüpfungen von Bauteilen vereinfacht die Datenzuordnung und verringert das Datenvolumen.

Die einfache Konfiguration und hohe Flexibilität der Datenmanagementprogramme ist vorab bei den einzelnen Softwareherstellern zu prüfen. Hierbei wird ein geringer Anpassungsaufwand der Projektstruktur, ohne aufwändige Programmierarbeiten, gefordert. Dies kann durch im Programm hinterlegte Musterprojekte erreicht werden, die als erster Schritt auf das aktuelle Projekt angepasst werden. Die Mehrsprachigkeit der Software wird vor allem bei der internationalen Projektplanung benötigt, welche von allen Softwareanbietern bereitgestellt wird.[135]

Die Einrichtung des Datenmanagementsystems beginnt mit der Festlegung der Ablagesystematik und der Projektstruktur. Die Bezeichnungen der Bauteile müssen festgelegt werden, damit eine eindeutige Zuordnung der Daten ermöglicht wird. Zudem werden die Benutzer des Systems, also die Projektbeteiligten mit Rechten ausgestattet, welche den Zugriff und die Veränderbarkeit der Daten regeln. Hier kann beispielsweise geregelt werden, dass der Bauherr nur Leserecht, die Planer oder Ausführenden jedoch Schreibrechte in dem 3D-Modell besitzen. Mit der Rechteverwaltung wird verhindert, dass eingebundenes Konstruktionswissen an alle Beteiligten weitergegeben wird. Nach diesen größtenteils administrativen Aufgaben können bereits Daten in das System eingegeben werden. Diese werden kategorisiert, dem jeweiligen Bauteil oder -element zugeordnet.

---

[134] vgl. (Borrmann, 2011) Seite 135-136
[135] vgl. (Schorr & Sanladerer, 2011) Seite 123-124

Die Daten im Bauwesen sind vielfältig. Es folgt eine Auswahl an häufig anfallenden Datensätzen:

- 3D-Modell
- Datenblätter der Hersteller von eingebauten Bauteilen
- Mess- und Besprechungsprotokolle
- Bilder
- Mängelanzeigen und -abmeldungen

Im Vorfeld legt der BIM-Manager die Projektplattform fest, mit welcher das Projekt abgewickelt werden soll. Von der Initiative ForBAU wurde das Programm PRO.FILE der Firma Procad verwendet, da dieses System und dessen Bedienung einfach auf das Bauwesen anpassbar war. Die in Kapitel 2.2.5 dargestellten Softwareanwendungen eignen sich teilweise auch für einen Einsatz als Projektplattform.[136]

---

[136] vgl. (Schorr, Bauplanung, 2011) Seite 139-140

6. Ergebnisse und Ausblick

6.1 Ergebnisse

Die fortwährende Optimierung der Prozesse in der Bauwirtschaft wird als zentrales Element gesehen, auch in Zukunft leistungsfähig und wirtschaftlich auf die steigenden Anforderungen reagieren zu können. Gerade im Hinblick auf geforderte Lebenszyklusbetrachtungen des Gebäudes sowie erhöhten Kosten- und Termindruck bei großen Qualitätsanforderungen in der Planung und Ausführung, sind effiziente Projektabwicklungsmethoden unerlässlich. Die derzeitige Praxis ist oft geprägt von ungenügender Kommunikation zwischen den Beteiligten sowie inkonsistenter Datenweitergabe im Projekt, was zu Kostenüberschreitungen, Terminverzug und Qualitätsproblemen führt. Zudem gibt es Informationsverluste beispielsweise zwischen den verschiedenen Fachplanern, da jeder Beteiligte nur mit dessen, teils inaktuellen Daten arbeitet. Eine Verknüpfung sowie weiterverwendbare Übergabe der Daten, beispielsweise mit Hilfe von standardisierten Datenformaten, erfolgt in der gegenwärtigen Bau-Projektabwicklung meist nicht.

Das Building Information Modeling (BIM) kann mit dessen Werkzeugen und Methoden zu einer Beseitigung dieser dargestellten Probleme und damit einer Verbesserung der Datendurchgängigkeit im Bauwesen beitragen. Die Projektabwicklungsprozesse können nicht nur durch einerseits die modellbasierte Planung des BIM, sondern auch durch eine im BIM integrierte Veränderung der traditionellen Arbeitsweise erreicht werden. Die Möglichkeit des zentralen Datenzugriffs durch alle Projektbeteiligten und die integrierte Arbeitsweise an einem Gebäudemodell bewirkt ein konsistentes Datenmanagement, wodurch eine durchgehende Datenübertragung erfolgen kann. Die Informationen während der verschiedenen Projektphasen werden alle in dem zentralen Modell gespeichert. Dadurch ist es möglich, die eingegebenen Daten phasenübergreifend weiter zu verwenden. Weitere Vorteile der BIM-Methode sind beispielsweise die einfache Übertragungsmöglichkeit von Daten, die automatisierte Mengen- und Kostenermittlung oder auch Kollisionsprüfungen während der Planung und der simulierten Ausführung. Darüber hinaus werden die Leistungen der Tragwerksplanung und bauphysikalische Berechnungen durch die modellbasierte Planung unterstützt. Überdies ist eine 3D-Visualisierung möglich, wodurch auch Nicht-Baufachleute die Ausmaße und Nutzungsmöglichkeiten des zukünftigen Gebäudes einfach erfassen können. Dies ermöglicht auch Soll-Ist-Vergleiche in der späteren Ausführung des Bauwerks. Dabei wird die simulierte Ausführung des Modells mit der Realität verglichen.

Das Building Information Modelling ist ein integrierter Planungsprozess, welcher mit Hilfe von dreidimensionalen Gebäudemodellen die bisherige Bauplanung grundlegend verändern kann. Hierfür sind jedoch Veränderungen in der klassischen Projektabwicklung notwendig. Nicht nur die vertraglichen Vereinbarungen zwischen den Projektpartnern müssen verändert werden, sondern es müssen auch monetäre Anreize und die damit verbundene Anpassung der bisherigen Vergütungsregelungen vorgenommen werden. Die vorliegende Veröffentlichung stellt die Möglichkeiten der Anpassung der vertraglichen Voraussetzungen explizit dar. Unterschiedliche Varianten der Verträge zwischen den Beteiligten werden erläutert und diskutiert. Zudem sollte bei einer generellen Einführung von BIM-Planungsleistungen das gültige Preisrecht der HOAI verändert, oder für BIM-Leistungen ausgesetzt werden. BIM hat eine Verschiebung des hauptsächlichen Planungsaufwandes, verbunden mit der Erstellung des 3D-Gebäudemodells, in frühere Planungsphasen zur Folge. Infolge dessen müsste sich auch der Anteil der Vergütung in die dementsprechende Planungsphase verschieben. Die Einbindemög-lichkeit der BIM-Planung in die Leistungen der Leistungsphasen der HOAI wurde auch im Bezug auf die Neufassung der HOAI 2013 bestätigt.

Jedoch bleibt anzumerken, dass alle Potentiale des Building Information Modeling nur in Verbindung einer ganzheitlichen und durchgängigen Umsetzung der Methode vollkommen ausgeschöpft werden können. Hierbei ist die Integration der Ausführenden bereits in die Planungsphase zu nennen. Dadurch kann frühzeitig der Entwurf bezüglich einer effizienten Bauausführung optimiert werden. Beispiele aus dem Ausland belegen die Vorteile dieser Integration. Die Umsetzung von integrierten Arbeitsweisen ist vor allem im privaten Bausektor möglich, da nicht-öffentliche Bauherren unabhängig von den geltenden Vergabe- und Vertragsbedingungen Bau- und Planungsleistungen beauftragen können. Die öffentliche Hand hingegen ist gebunden an den gegebenen Verordnungen, welche eine Trennung von Planung und Bau vorsehen.

Um eine unter Einbindung aller Projektbeteiligten durchgängige Planung in das Bauwesen einzuführen, werden technische Hilfsmittel benötigt. Die BIM Planung erfordert technische Rahmenbedingungen mit denen ein verlustfreier, systemübergreifender Datenaustausch möglich ist. Die Industry Foundation Classes (IFC) beschreiben ein standardisiertes Datenaustauschformat. Mit Hilfe von BIM-Servern können die Bauwerksdaten zentral gespeichert und von jedem berechtigten Benutzer geändert werden. Leistungsfähige BIM-Software unterstützt bei der Datenmodellierung und der Datenauswertung.

Zudem müssen organisatorische Veränderungen in der derzeitigen Projektdurchführung vorgenommen werden. Die vorhandenen Hemmnisse bei den Projektbeteiligten, wie beispielsweise Akzeptanzprobleme der neuen Planungsmethode durch fehlende Softwarekenntnisse oder eingespielte Betriebsabläufe, müssen im Vorfeld abgebaut werden. Die Einführung von BIM in die Geschäftsprozesse ist dabei als Managementaufgabe zu verstehen, welche nur durch die Zustimmung der beteiligten Akteure erreicht werden kann. Überdies sind Regelungen festzulegen, wie die Arbeit mit dem virtuellen Gebäudemodell zu erfolgen hat und welche Leistungen zu erbringen sind. Dafür entwirft der Bauherr, oder ein von ihm Beauftragter, ein BIM-Handbuch, welches Regelungen zur Modellierung des Gebäudemodells sowie zur Strukturierung der Planung und Anforderungen an die Organisationsstruktur beinhaltet. Dieses Handbuch wird zum Vertragsbestandteil, ähnlich einer Leistungsbeschreibung. Die vielfältigen Aufgaben der integrierten Planungsmethode koordiniert dann planungs- und ausführungsübergreifend ein BIM-Manager, welcher bestenfalls ein externer Dienstleister, ähnlich eines Projektsteuerers, ist.

Nach Einführung der BIM-Planung sind hohe Effizienzgewinne im gesamten Lebenszyklus des Bauwerks möglich. Die Herstellung einer qualitativ hochwertigeren Planung durch eine wesentlich größere Anzahl von durchgängigen Informationen im Gebäudemodell wird somit ermöglicht. Kosteneinsparungen sowie zeitliche Vorteile werden, durch im Ausland durchgeführte Projekte, bestätigt. Infolge höherer Transparenz der Planung können vor allem Nachträge in der späteren Bauausführung, wegen nicht beschriebener Leistungen oder ungenauen Mengenermittlungen, bereits in der Planungsphase verhindert werden.

Bei der Einführung der BIM-Planung muss die Aufwandsverschiebung der Planungsleistungen beachtet werden. Der Zeitpunkt des Aufwands einer Leistung ist dabei nicht deckungsgleich mit einem daraus resultierenden Nutzen. Beispielsweise muss im ersten Schritt der Planung das virtuelle Gebäudemodell aufwändig erstellt werden, um dann im weiteren Verlauf der Planung den Nutzen in der schnellen Datenauswertung zu erhalten. Ähnliches liegt bei der Simulation von Bauprozessen vor, da diese die erst in Zukunft folgende Bauausführung beeinflusst.

Beim Building Information Modeling handelt es sich um einen Prozess, welcher mit Hilfe des virtuellen Gebäudemodells die Vorgänge und Akteure im Bauwesen verknüpft. Die Werkzeuge des BIM erlauben die Durchführung von unterschiedlichsten Methoden in der Bauplanung.

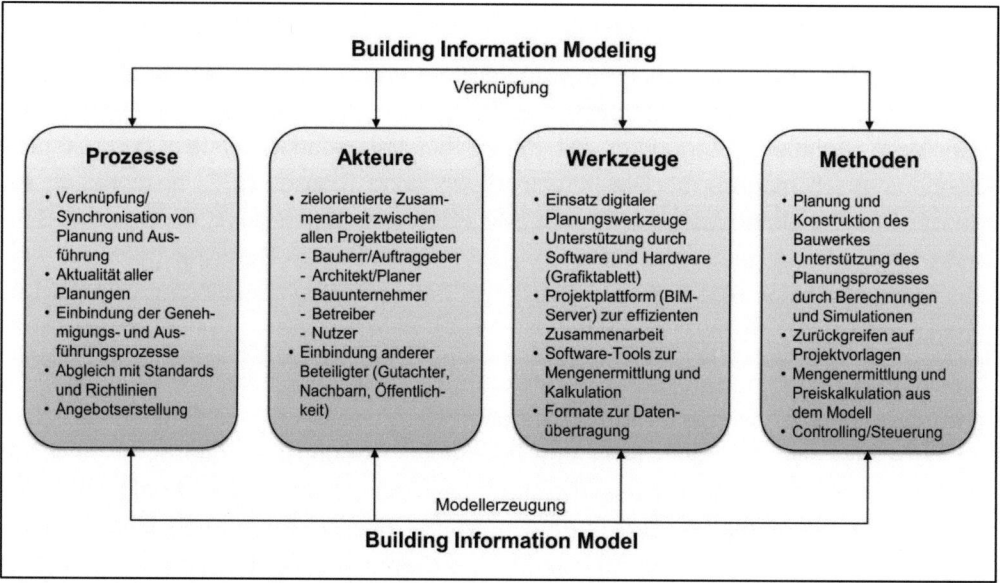

Abbildung 19 - Inhalte des Building Information Modeling[137]

Nur durch eine Weiterentwicklung der derzeitigen Praxis können die Anforderungen des Bauwesens auch in Zukunft wirtschaftlich erfüllt werden. Building Information Modeling unterstützt dabei ganzheitlich nicht nur die kreative Entwurfsarbeit des Planers, sondern auch Prozesse der Ausführung und des Betriebes eines Gebäudes. BIM ermöglicht einen durchgängigen Datenfluss über den gesamten Lebenszyklus eines Bauwerkes.

---

[137] vgl. (Kaminski, 2010) Seite 93

6.2 Ausblick

Die eingangs erwähnten Probleme der jetzigen Praxis führen zwangsläufig in Zukunft zu einem umfassenden Umdenken in der Planung und Ausführung von Bauprojekten. Gerade im Hinblick auf die zunehmende Komplexität der Bauvorhaben sowie den immer steigenden Termin- und Kostendruck im Bauwesen, ist es erforderlich Probleme im Voraus zu erkennen, damit nachgelagerte Prozesse nicht beeinträchtigt werden.

Die in Kapitel 6.1 zusammengestellten Ergebnisse der vorliegenden Untersuchung sollten in der Praxis durch Pilotprojekte validiert werden, damit die dargestellten Potentiale der BIM-Planung bestätigt werden können. Die im Ausland durchgeführten Projekte zeigen eine positive Tendenz, deren Ergebnisse sind jedoch nicht deckungsgleich auf das deutsche Bauwesen übertragbar. Gerade im Hinblick auf das angewandte Vertragswesen in Deutschland, welches zumindest im öffentlichen Bereich eine strikte Trennung von Planung und Ausführung vorsieht, sind Testprojekte durchzuführen, die eine integrierte Arbeitsweise zwischen allen Projektbeteiligten zulassen. Dabei sollten zusätzlich wissenschaftliche Institute eingebunden werden, die den Nutzen bei den am Bau beteiligten Akteure feststellen. Folgend könnten dann Empfehlungen für eine Umgestaltung der Vergabe- und Vertragsrichtlinien im öffentlichen Bausektor gegeben werden. Ähnliches gilt für den privaten Bausektor, welcher jedoch keinen verbindlichen Vergaberichtlinien unterliegt, was eine Durchführung von Musterprojekten bereits jetzt ermöglicht.

Eine fortwährende Arbeit an der Standardisierung von Übergabe-Formaten ist ein weiterer notwendiger Punkt für eine erfolgreiche Umsetzung von BIM in der Zukunft. Hierbei sind beispielsweise die nach ISO zertifizierten IFC-Übergabeformate weiter zu verbessern sowie in die entsprechende BIM-Software einzubinden. Nur durch einen fehlerfreien Datenaustausch können die Vorteile der BIM-Methode vollständig genutzt werden. Außerdem muss der Fokus auch auf eine dementsprechende Ausbildung im Bereich Building Information Modeling liegen. Die Ausbildung zum BIM-Manager sollte als Vertiefungsrichtung im Bauingenieur- oder Architekturstudium angeboten werden, da bauwirtschaftliches Grundwissen Voraussetzung für diese, durch das BIM geschaffene, zentrale Position ist. Ebenfalls müssten, über beispielsweise die Architektenkammern der Länder, Schulungen für eine berufsbegleitende Qualifikation von Ingenieuren und Architekten angeboten werden, die über die derzeitigen Angebote hinaus gehen und sich eingehender mit dem Thema BIM im Bauwesen befassen.

Die Betrachtung des gesamten Lebenszyklus eines Bauwerkes wird in Zukunft immer mehr Kernthema des Bauens sein. Die Anforderungen an die Gebäude werden weiter zunehmen, ob durch strengere Regelungen durch den Gesetzgeber, wie durch die Energieeinsparverordnung, oder auch durch verkaufsfördernde Zertifizierungen der green buildings. Um diese weitreichenden Aufgaben effizient bewältigen zu können, sind leistungsfähige Werkzeuge auf der einen Seite, aber auch ein Umdenken in der Arbeitsmethodik andererseits nötig. Building Information Modeling kann bei einer durchgehenden Anwendung diese Prozesse neu implementieren. Dabei ist jedoch die Dauer einer generellen Umsetzung stark an die Akzeptanz der beteiligten Akteure gekoppelt, weshalb derzeit noch nicht eingeschätzt werden kann, wie lange die generelle Einführung von BIM dauert.

7. Zusammenfassung

Das vorliegende Fachbuch hat das Ziel die Datendurchgängigkeit in der Bauplanung zu untersuchen und Möglichkeiten der innovativen Planung mit Hilfe von Building Information Modeling (BIM) aufzuzeigen. Darüber hinaus sollte die Einbindung von BIM in die Verordnung über die Honorare für Architekten- und Ingenieurleistungen analysiert und Potentiale zur Optimierung der derzeitigen Praxis dargestellt werden.

Die Definition dieser neuartigen Planungsmethode ergab, dass BIM nicht nur die Anwendung einer dreidimensionalen Gebäudemodellierung ist, sondern ein Prozess zur Neugestaltung der bisherigen Planungsverfahren. Die Vorteile von BIM erstrecken sich über den gesamten Lebenszyklus eines Gebäudes. Bereits in der Planungsphase kann die Durchgängigkeit der eingegebenen Daten durch ein zentral hinterlegtes Gebäudemodell, auf dem alle Projektbeteiligten Zugriff haben, gewährleistet werden. Jeder Planende hat dabei den gleichen Informationsstand, was beispielsweise die Doppelarbeit oder die Planung an falschen Planständen verhindert.

Die verschiedenartigen Potentiale der BIM-Planung, wie die Weiterverwendbarkeit der eingegebenen Daten, die Kollisionsprüfung der Ausführung bereits in der Planungsphase, automatisierte Mengen- und Kostenermittlungen sowie die Visualisierung des Gebäudes und Simulation des Bauablaufs, können nur durch eine Veränderung der aktuellen Praxis ausgeschöpft werden. Für diese Umgestaltung sind organisatorische Anpassungen sowie technische Veränderungen notwendig. Die organisatorischen Veränderungen beziehen sich auf die Neugestaltung der vertraglichen Vereinbarungen zwischen den Projektbeteiligten, inklusive einer Veränderung der Leistungsbeschreibung mit Hilfe von BIM-Handbüchern, einer neuen Organisation der Planung mit einem zentralen Ansprechpartner dem BIM-Manager sowie einer Abänderung der bisherigen Vergütungssachverhalte. Dabei muss die mit BIM verbundene Verschiebung des Arbeitsaufwandes in frühe Phasen der Planung berücksichtigt werden.

Die technischen Hilfsmittel, wie BIM-Software und leistungsfähige Hardwarekomponenten, unterstützen nicht nur die Erstellung des dreidimensionalen Gebäudemodells, sondern auch das Datenmanagement im Bauwesen. Durch sogenannte BIM-Server, unter Einbindung von standardisierten Datenformaten, kann eine zentrale Datenspeicherung und die unternehmensübergreifende, plattformunabhängige Datenübermittlung realisiert werden.

Die generelle Anwendung der BIM-Planung über die gesamte Lebenszyklusphase des Bauwerks verspricht nicht nur eine effiziente Planung und Ausführung des Bauwerkes, sondern auch einen wirtschaftlichen Betrieb. Gerade im Bereich des öffentlichen Bausektors ist eine durchgängige Anwendung der BIM-Planung aufgrund der gegebenen Vergabe- und Vertragsvorschriften nicht möglich, was den derzeitigen Innovationsstau in Verbindung mit einer allgemeinen Einführung der BIM-Methode nur schwer lösen kann. In Zukunft wird die Einführung von innovativen Planungsmethoden unabdingbar werden, um die steigenden Anforderungen an das Bauwesen bewältigen zu können. Building Information Modeling unterstützt die datendurchgängige Umsetzung dieser Prozesse.

Literaturverzeichnis

Monographien und Aufsätze in Fachzeitschriften

(Ahrens, Bastian, & Muchowski, 2004)	Ahrens, Bastian, & Muchowski. (2004). Handbuch Projektsteuerung - Baumanagement (Bd. 1). Stuttgart: Fraunhofer IRB.
(AIA, 2008)	AIA. (2008). Building Information Modeling Protocol Exhibit AIA Document E202 - 2008. Washington, USA: American Institute of Architecs.
(Altner, 2012)	Altner. (2012). Lean Construction - Erfahrungen mit schlanken Management-Prinzipien in der Einzelfertigung. In Reimuth, Gebhardt, Hauck, & Lohoff, Die Gestaltung des Wandels zur operativen Excellence: Erfahrungen, Reflexionen und Lernberichte (S. 314-324). Freiburg: Haufe-Lexware.
(Anderl, 1992)	Anderl. (1992). STEP - Grundlagen, Entwurfsprinzipien und Aufbau. In Krause, Jansen, & Ruhland, CAD '92 - Neue Konzepte zur Realisierung anwendungsorientierter CAD-Systeme (S. 361-368). Berlin: Springer.
(BMWi, 2013)	BMWi. (2013). Verordnung über die Honorare für Architekten- und Ingenieurleistungen - Referentenentwurf. Berlin: BMWi.
(Böllmann, 1993)	Böllmann. (1993). Kostenkontrolle während der Hochbaumaßnahme. München: Bayrischer Kommunaler Prüfungsverband.
(Borrmann, 2011)	Borrmann. (2011). Produktmodell-Server. In Günthner, & Borrmann, Digitale Baustelle - innovativer Planen, effizienter Ausführen (S. 135-136). Berlin: Springer.
(Borrmann & Günthner, 2011)	Borrmann, & Günthner. (2011). Die Digitale Baustelle und ihre Herausforderungen. In Günthner, & Borrmann, Digitale Baustelle - innovativer Planen, effizienter Ausführen (S. 2-7). Berlin: Springer.
(Borrmann, Liebich, & Juli, 2011)	Borrmann, Liebich, & Juli. (2011). BIM-gestützte Analysen, Berechnungen und Simulationen. In Günthner, & Borrmann, Digitale Baustelle - innovativer Planen, effizienter Ausführen (S. 37-38). Berlin: Springer.
(COBIM, 2012)	COBIM. (2012). Common BIM Requirements. Helsinki Finland: The Building Information Foundation RTS.
(Company, 2008)	Company, T. B. (2008). Sutter Health Fairfield Medical Office Building - Ergebnisbericht. Fairfield, CA, USA: The Boldt Company.
(ConsensusDocs, 2008)	ConsensusDocs. (2008). Building Information Modeling (BIM) Addendum ConsensusDOCS 301. Arlington, USA: ConsensusDocs.

(Diederichs, 2005)	Diederichs. (2005). Führungswissen für Bau- und Immobilienfachleute (Bd. 2). Wuppertal: Springer.
(Finance, 2006)	Finance, D. o. (2006). Victorian Government: Project Alliancing Practitioners' Guide. Melbourne, Australia: Department of Treasure and Finance.
(Fischer & Gao, 2008)	Fischer, & Gao. (2008). Framework & Case Studies Comparing Implementations & Impacts of 3D/4D Modeling Across Projects. Stanford, USA: Stanford University.
(Gallaher, et. al, 2004)	Gallaher, O'Connor, Dettbarn, & Gilday. (2004). Cost Analysis of Inadequate Interoperability in the U.S. Capital Facilities Industry. Gaithersburg, USA: National Institute of Standards and Technology.
(Gehbauer, 2006)	Gehbauer. (2006). Lean Management im Bauwesen - Grundlagen. Karlsruhe: KIT Karlsruhe.
(Gehbauer & Heidemann, 2010)	Gehbauer, & Heidemann. (2010). Internationale kooperative Vertragsmodelle und ihre Anwendbarkeit in Deutschland. VDI-Bautechnik , 116-120.
(Girmscheid, 2010)	Girmscheid. (2010). Projektabwicklung in der Bauwirtschaft (Bd. 3). Zürich: Springer.
(Gouvernment, 2012)	Gouvernment, H. (2012). Industrial strategy: government and industry in partnership: Building Information Modeling. London, Großbritannien: HM Gouvernment.
(GSA, 2007)	GSA. (2007). Building Information Modeling Guide Series 01. Washington USA: U.S. General Service Administration.
(Günthner & Borrmann, 2011)	Günthner, & Borrmann. (2011). Digitale Baustelle - innovativer Planen, effizienter Ausführen (Bd. 1). Berlin: Springer.
(Günthner, Borrmann, et al. 2011)	Günthner, Borrmann, Baumgärtel, Juli, Klaubert, Lederhofer, et al. (2011). Bauen heute und morgen. In Günthner, & Borrmann, Digitale Baustelle - innovativer Planen, effizienter Ausführen (S. 1-21). Berlin: Springer.
(Heidemann, 2010)	Heidemann. (2010). Kooperative Projektabwicklung im Bauwesen unter der Berücksichtigung von Lean Prinzipien - Entwicklung eines Lean-Projektabwicklungssystems. Karlsruhe: KIT Scentific Publishing.
(Hemmerling & Tiggemann, 2010)	Hemmerling, & Tiggemann. (2010). Digitales Entwerfen (Bd. 1). Paderborn: Fink.
(Hoffeller & Liebich, 2008)	Hoffeller, & Liebich. (2008). Anwenderhandbuch Datenaustausch BIM/IFC (Bd. 1). München: IAI - Industrieallianz für Interoperabilität e.V.

(Horenburg & Günthner, 2011)	Horenburg, & Günthner. (2011). Ablaufsimulation - Potentiale, Voraussetzungen und Vorgehensweise. In Günthner, & Borrmann, Digitale Baustelle - innovativer Planen, effizienter Ausführen (S. 163-169). Berlin: Springer.
(Horenburg, Borrmann, & König, 2011)	Horenburg, Borrmann, & König. (2011). Sammlung und Aufbereitung der Eingangsdaten. In Günthner, & Borrmann, Digitale Baustelle - innovativer Planen, effizienter Ausführen (S. 181-191). Berlin: Springer.
(Jehle, Michailenko, Seyffert, & Wagner, 2013)	Jehle, Michailenko, Seyffert, & Wagner. (2013). IntelliBau 2 (Bd. 1). Dresden: Springer.
(Kaminski, 2010)	Kaminski. (2010). Potentiale des BIM im Infrastrukturprojekt (Bd. 1). Leipzig: Books on Demand GmbH.
(Kessoudis & Lodewijks, 2013)	Kessoudis, & Lodewijks. (2013). Prozessintegration: von 3D/BIM zu 5D. In Rüppel, 2. Darmstädter Ingenieurkongress Tagungsband (S. 121-128). Aachen: Shaker Verlag.
(KIT, 2012)	KIT. (2012). BIM - Potentiale, Hemmnisse und Handlungsplan. Karlsruhe: Karlsruher Institut für Technologie KIT.
(Kymmel, 2008)	Kymmel. (2008). Building Information Modeling (Bd. 1). Chico: McGraw-Hill.
(Liebich & Hoffeller, 2008)	Liebich, & Hoffeller. (2008). Anwenderhandbuch Datenaustausch BIM/IFC. München: IAI - Industrieallianz für Interoperabilität.
(Liebich, Schweer, & Wernik, 2011)	Liebich, Schweer, & Wernik. (2011). Auswirkungen der Planungsmethode Building Information Modelling (BIM) auf die Leistungsbilder und Vergütungsstruktur für Architekten und Ingenieure sowie auf die Vertragsgestaltung (Bd. 1). Berlin: Bundesinstituts für Bau-, Stadt- und Raumforschung (BBSR) im Bundesamt für Bauwesen und Raumentwicklung (BBR).
(Ltd, 2008)	Ltd, A. A. (2008). Report on Project Alliancing activities in Australasia 2008. Crows Nest, Australia: Alliancing Association of Australasia Limited.
(Mack & Wimmer, 2011)	Mack, & Wimmer. (2011). Herausforderungen für die Ablaufplanung im Infrastrukturbau. In Günthner, & Borrmann, Digitale Baustelle - innovativer Planen, effizienter Ausführen (S. 160-163). Berlin: Springer.
(May, 2013)	May. (2013). CAFM-Handbuch (Bd. 3). Berlin: Springer.
(McGraw-Hill, 2009)	McGraw-Hill. (2009). The business value of BIM. Getting Building Information Modelling to the Bottom Line . McGraw Hill Construction Research & Analytics.

(Naumann, 2011) Naumann. (2011). Neue Planungswerkzeuge im Schlüsselfertigbau – Visionen, Herausforderungen und Grenzen. In Schach, Tagungsband Zukunftspotential Bauwirtschaft - 1. Internationaler BBB-Kongress (Bd. 1, S. 173-184). Dresden: Technische Universität Dresden.

(Nemetschek, Allplan Architektur 2013, 2013) Nemetschek. (2013). Allplan 2013 Architektur. München: Nemetschek Infobroschüre.

(Neuberg, 2011) Neuberg. (2011). Computer Aided Manufacturing. In B. Günthner, Digitale Baustelle - innovativer Planen, effizienter Ausführen (S. 93-102). Berlin: Springer.

(Popp, 2011) Popp. (2011). Automatisierte Mengenermittlung. In Günthner, & Borrmann, Digitale Baustelle - innovativer Planen, effizienter Ausführen (S. 85-93). Berlin: Springer.

(Rank, Meißner & Rüppel, 2012) Rank, Meißner, & Rüppel. (2012). Bauinformatik. In Zilch, Diederichs, Katzenbach, & Beckmann, Handbuch für Bauingenieure (S. 1-60). Heidelberg: Springer.

(Richter, 2009) Richter. (2009). Konzepte für den Einsatz versionierter Objektmodelle im Bauwesen (Bd. 1). Weimar: Verlag der Bauhaus-Universität Weimar.

(Schach & Sperling, 2001) Schach, & Sperling. (2001). Baukosten - Kostensteuerung in Planung und Ausführung. Dresden: Springer.

(Schach, Berner, & Kochendörfer, 2013) Schach, Berner, & Kochendörfer. (2013). Grundlagen der Baubetriebslehre (Bd. 2). Dresden: Springer.

(Schaper & Schumann, 2013) Schaper, & Schumann. (2013). BIM-Methoden für Projektentwickler und Bauherren. In Rüppel, & Kreger, 2. Darmstädter Ingenieurkongress Bau und Umwelt - Tagungsband (S. 111-115). Aachen: Shaker Verlag.

(Scherer, Schapke & Tauscher, 2010) Scherer, Schapke, & Tauscher. (2010). Mefisto: Management - Führung - Information - Simulation im Bauwesen : Tagungsband 1. Mefisto-Kongress, 21. Oktober 2010, Dresden. Dresden: TU Dresden Institut für Bauinformatik.

(Schleicher, 2012) Schleicher. (2012). Komplexitätsmanagement bei der Kalkulation im Schlüsselfertigbau. ibr (12), 18-21.

(Scholtissek, 2013) Scholtissek. (2013). Unterlage Fachseminar HOAI Novellierung 2013. München: Nemetschek Allplan Deutschland GmbH.

(Schorr, Bauplanung, 2011) Schorr. (2011). Bauplanung. In Günthner, & Borrmann, Digitale Baustelle - innovativer Planen, effizienter Ausführen (S. 139-144). Berlin: Springer.

(Schorr, Dokumentenmanagement-Systeme, 2011)	Schorr. (2011). Dokumentenmanagement-Systeme. In Günthner, & Borrmann, Digitale Baustelle - innovativer Planen, effizienter Ausführen (S. 126-130). Berlin: Springer.
(Schorr, Ein modellbasiertes, lebenszyklusorientiertes…, 2011)	Schorr. (2011). Ein modellbasiertes, lebenszyklusorientiertes Datenmanagement-Konzept für Straßen- und Brückenbauprojekte (Bd. 1). München: fml – Lehrstuhl für Fördertechnik Materialfluss Logistik Technische Universität München.
(Schorr & Filitz, 2011)	Schorr, & Filitz. (2011). Produktdatenmanagement-Systeme. In Günthner, & Borrmann, Digitale Baustelle - innovativer Planen, effizienter Ausführen (S. 130-134). Berlin: Springer.
(Schorr & Sanladerer, 2011)	Schorr, & Sanladerer. (2011). Herausforderungen des unternehmensübergreifenden Datenmanagements. In Günthner, & Borrmann, Digitale Baustelle - innovativer Planen, effizienter Ausführen (S. 120-124). Berlin: Springer.
(Seifert, 2008)	Seifert. (2008). BIM im Planungsprozess – Gebäudedatenmodell und Kostenermittlung. Weimar: Bauhaus-Universität Weimar.
(Semper, 2008)	Semper. (2008). Vom digitalen 2D-Plan zum BIM. Bau Thema (2), 34-37.
(Sjøgren & Myhre, 2011)	Sjøgren, & Myhre. (2011). Norwegian Home Builders' BIM Manual. Oslo: Norwegian Homebuilders Association.
(Statsbygg, 2011)	Statsbygg. (2011). Statsbygg BIM Manual 1.2. Oslo, Norwegen: Statsbygg - P.O. box 8106 dep., N-0032 Oslo, Norway.
(Stoy, 2007)	Stoy. (2007). Baukostenplanung in frühen Projektphasen (Bd. 1). Zürich: vdf Hochschulverlag AG.
(Tauscher, 2011)	Tauscher. (2011). Vom Bauwerksinformationsmodell zur Terminplanung (Bd. 1). Weimar: Verlag der Bauhaus-Universität Weimar.
(Tulke, 2010)	Tulke. (2010). Kollaborative Terminplanung auf Basis von Bauwerksinformationsmodellen (Bd. 1). Weimar: Verlag der Bauhaus-Universität Weimar.
(Weiss, 2008)	Weiss. (2008). Bauen mit Methode - Projekt-, Zeit-, und Kostenmanagement mit BIM. Deutsche Bauzeitschrift (11), 77-78.
(Willberg, Baumgärtel & Klaubert, 2011)	Willberg, Baumgärtel, & Klaubert. (2011). Bauen heute - Der Bauprozess aus Sicht der Beteiligten. In Günthner, & Borrmann, Digitale Baustelle - innovativer Planen, effizienter Ausführen (S. 8-18). Berlin: Springer.
(Wimmer, 2011)	Wimmer. (2011). Fazit und Ausblick. In Günthner, & Borrmann, Digitale Baustelle - innovativer Planen, effizienter Ausführen (S. 201-202). Berlin: Springer.

(Wimmer & König, 2011)   Wimmer, & König. (2011). Bauwesen. In Günthner, & Borrmann, Digitale Baustelle - innovativer Planen, effizienter Ausführen (S. 175-181). Berlin: Springer.

(Wimmer & Reif, 2011)   Wimmer, & Reif. (2011). Visualisierung mittels Virtual und Augmented Reality. In Günthner, & Bormann, Digitale Baustelle - innovativer Planen, effektiver Ausführen (S. 82-85). Berlin: Springer.

(Zilch, Diederichs, Katzenbach, & Beckmann, 2012)   Zilch, Diederichs, Katzenbach, & Beckmann. (2012). Handbuch für Bauingenieure (Bd. 2). Heidelberg: Springer.

Normen, Regelwerke und Richtlinien

(HOAI, 2009)   HOAI. (2009). Verordnung über die Honorare für Architekten- und Ingenieurleistungen. Berlin: Deutscher Taschenbuch Verlag.

(VOB/A, 2009)   VOB/A. (2009). VOB Teil A: Allgemeine Bestimmung für die Vergabe von Bauleistungen. Berlin: Deutsche Vergabe- und Vertragsausschuss für Bauleistungen.

(VOF, 2009)   VOF. (2009). Vergabeordnung für Freiberufliche Leistungen. Berlin: Bundesministerium der Justiz

(VOL/A, 2009)   VOL/A. (2009). Vergabe- und Vertragsordnung für Leistungen Teil A: Allgemeine Bestimmung für die Vergabe von Leistungen. Berlin: Bundesministerium der Justiz

(VOL/B, 2003)   VOL/B. (2003). Vergabe- und Vertragsordnung für Leistungen Teil B: Allgemeine Vertragsbedingungen für die Ausführung von Leistungen. Berlin: Bundesministerium der Justiz

Internet

(Autodesk, 2013)   Autodesk. (2013). Autodesk Online Shop. Abgerufen am 03. 05 2013 von http://www.autodesk.de/adsk/servlet/pc/index?siteID=403786&id=17233804

(BBR, 2010)   BBR. (26. 04 2010). Forschungsinitiative Bau. Abgerufen am 19. 06 2013 von Suchbegriff BIM: http://www.forschungsinitiative.de/cluster.jsp

(buildingSMART, 2013)   buildingSMART. (03. 04 2013). buildingSMART. Abgerufen am 04. 06 2013 von http://www.buildingsmart.de/kos/WNetz?art=News.show&id=142

(Committee, 2008)	Committee, C. P. (2008). CONSTRUCTION PROJECT INFORMATION. Abgerufen am 14. 06 2013 von http://www.cpic.org.uk/en/publications/production-information/appendix-d1.cfm
(ENGworks, 2012)	ENGworks. (21. 06 2012). Youtube. Abgerufen am 02. 06 2013 von BIM 4D Scheduling - Building Information Modeling - Construction Sequencing (Flyaround) - ENGworks: http://www.youtube.com/watch?v=zvbcFozUkYQ
(Jerkovic, Saad & Türk, 2012)	Jerkovic, Saad, B., & Türk. (03. 01 2012). Bauwesen FH München. Abgerufen am 15. 06 2013 von BIM – Building Information Modeling: ftp://www.bauwesen.fh-muenchen.de/Baubetrieb/clausen/Projektmanagement/StA%20WS%2011_12/Gr%202%20BIM.pdf
(Juli, 2010)	Juli. (01. 01 2010). buildingSMART. Abgerufen am 21. 05 2013 von Das buildingSMART BIM Handbuch: http://www.bim-guide.org/index.php?id=2
(Liebich, 2010)	Liebich. (01. 10 2010). Mefisto. Abgerufen am 20. 05 2013 von Interdisziplinäre Nutzung von Fachmodellen: http://www.mefisto-bau.de/pdf/k1_05.pdf
(Nemetschek, BIM mit Nemetschek Allplan, 2013)	Nemetschek. (2013). Building Information Modeling mit Nemetschek Allplan. Abgerufen am 08. 05 2013 von http://www.nemetschek-allplan.de/
(Professionals, 2012)	Professionals, A. o. (07. 03 2012). Strategic-Alliances. Abgerufen am 30. 05 2013 von http://www.strategic-alliances.org/content/2012/3/7/building-no-fault-no-blame-partnering-cultures-down-under.html
(Scherer & Schapke, 2012)	Scherer, & Schapke. (30. 09 2012). Mefisto. Abgerufen am 19. 05 2013 von http://www.mefisto-bau.de/overview.html
(Schneider-Sorger, 2009)	Schneider-Sorger. (2009). Korrekter Datenaustausch aller Projektbeteiligten. Abgerufen am 13. 04 2013 von http://www.orca-software.com/presse/mitteilungen/mitteilungen-detail/browse/2/article/149/news-2.html
(Smith, 2008)	Smith. (24. 07 2008). National Institute of Building Science. Abgerufen am 02. 05 2013 von http://www.wbdg.org/bim/bim.php
(Sowiesokosten, 2012)	Sowiesokosten. (2012). Abgerufen am 14. 06 2013 von Enzyklo: http://www.enzyklo.de/Begriff/Sowiesokosten
(Strohschneider, 2012)	Strohschneider. (23. 11 2012). buildingSMART. Abgerufen am 23. 05 2013 von BIM im Mittelpunkt: Symposium Öffentliche Hand: http://www.buildingsmart.de/kos/WNetz?art=News.show&id=124

Konsultationsverzeichnis

Dipl. - Ing. Jan Kortmann   Wissenschaftlicher Mitarbeiter Technische Universität Dresden Fakultät Bauingenieurwesen Institut für Baubetriebswesen, Dresden, 0351-463-36315, 02.04.2013

Dipl. - Ing. Jan Kortmann   Wissenschaftlicher Mitarbeiter Technische Universität Dresden Fakultät Bauingenieurwesen Institut für Baubetriebswesen, Dresden, 0351-463-36315, 12.04.2013

Dipl. - Ing. Jan Kortmann   Wissenschaftlicher Mitarbeiter Technische Universität Dresden Fakultät Bauingenieurwesen Institut für Baubetriebswesen, Dresden, 0351-463-36315, 03.05.2013, telefonisch

Marc Aßmann   Geschäftsführer PRONAG mbH Dresden, +49 (0) 351 4527973, 03.06.2013, Kontakt per E-Mail

Thesen

1. Building Information Modeling (BIM) verändert die bisherigen Prozesse der Planung und Kommunikation im Bauwesen grundlegend.

2. Mit einer umfassenden BIM-Lösung kann die Datendurchgängigkeit in der Planung verbessert werden.

3. Unter BIM ist nicht nur die Erstellung eines dreidimensionalen Gebäudemodells zu verstehen, sondern BIM ist ein integrierter Planungsprozess.

4. Nur durch die Akzeptanz der am Projekt Beteiligten gegenüber neuen Projektabwicklungsmethoden kann BIM allgemein gültig umgesetzt werden.

5. Das Nachtragspotential in der Ausführung kann durch eine BIM-Planung deutlich gesenkt werden. Hierbei beeinflussen der höhere Informationsgehalt der Planung sowie die automatisierten Mengenermittlungsmöglichkeiten der BIM-Software, maßgeblich das Potential von Nachträgen.

6. Die Einführung von BIM erfordert neue vertragliche Vereinbarungen zwischen den Projektbeteiligen, aber auch standardisierte Datenaustausch-Formate der Software.

7. Durch die BIM-Planung entsteht eine Verschiebung des Arbeitsaufwandes der Planung in frühe Projektphasen, da die Erstellung des virtuellen Gebäudemodells zeitlich sehr aufwändig ist. In späteren Planungsphasen werden die Planungsprozesse, durch einfache Auswertungsmöglichkeiten des Modells, verkürzt. Eine generelle Verkürzung der Planungszeit ist projektabhängig möglich.

8. Die Vergütung der BIM-Planung sollte an den Aufwand in der jeweiligen Projektphase gekoppelt werden. So müsste das Planungshonorar in den ersten Planungsabschnitten höher vereinbart werden, da hier die aufwändige Gebäudemodellerstellung erfolgt. In späteren Phasen ergibt sich, durch den geringeren Aufwand, folglich ein geringes Honorar.

9. Die Höhe der Vergütung sollte projektabhängig und unter Abfrage des freien Marktes bestimmt werden. Jedes Bauprojekt hat individuelle Anforderungen an das virtuelle Modell, welche auch spezifisch zu vergüten sind. Zudem gibt es derzeit wenige, im Bezug auf die BIM-Planung leistungsfähige Anbieter. Würden zum jetzigen Zeitpunkt gesetzliche Regulierungen die BIM-Preise bestimmen, könnte dies zu einem weiteren Innovationsstau der generellen Einführung von BIM führen. Bei den ersten mit BIM durchgeführten Projekten würden gerade kleinere Planungsbüros überwiegend nicht auskömmliche Leistungen anbieten können. Dies begründet sich durch die hohen Kosten für die Anschaffung von Hard- und Software.

Kurzfassung

Schlagworte: Building Information Modeling (BIM)
Datendurchgängigkeit in der Planung
3D-Planung und HOAI
Integriertes Datenmanagement

Verfasser: Matthias Albrecht

Titel: Building Information Modeling (BIM) zur Sicherstellung der Datendurchgängigkeit in der Planung von Bauleistungen

Verlag: DIPLOMICA VERLAG GMBH
Hamburg

Bibliographische Angaben: 2013, 92 (130) Seiten, 19 Abbildungen, 10 Tabellen

Das vorliegende Fachbuch hat das Ziel die Datendurchgängigkeit in der Bauplanung zu untersuchen und Möglichkeiten der innovativen Planung mit Hilfe von Building Information Modeling (BIM) aufzuzeigen. Darüber hinaus sollte die Einbindung von BIM in die HOAI analysiert und Potentiale zur Optimierung der derzeitigen Praxis dargestellt werden. Die Ergebnisse zeigen, dass BIM nicht nur die Anwendung einer dreidimensionalen Gebäudemodellierung ist, sondern ein Prozess zur Neugestaltung der bisherigen Planungsverfahren. Bereits in der Planungsphase kann die Durchgängigkeit der eingegebenen Daten durch ein zentral hinterlegtes Gebäudemodell, auf dem alle Projektbeteiligten Zugriff haben, gewährleistet werden. Jeder Planende hat dabei den gleichen Informationsstand, was beispielsweise die Doppelarbeit oder die Planung an falschen Planständen verhindert. Die verschiedenartigen Potentiale der BIM-Planung können nur durch eine Veränderung der aktuellen Praxis ausgeschöpft werden. Die organisatorischen Umgestaltungen beziehen sich auf die Neugestaltung der vertraglichen Vereinbarungen, inklusive einer Abänderung der Leistungsbeschreibung, einer neuen Organisation der Planung mit einem zentralen Ansprechpartner, dem BIM-Manager, sowie einer Neuregelung der bisherigen Honorarvereinbarungen. Die technischen Hilfsmittel, wie BIM-Software und leistungsfähige Hardwarekomponenten (z.B. BIM-Server) unterstützen nicht nur die Erstellung des 3D-Gebäudemodells, sondern auch das Datenmanagement im Bauwesen. Die generelle Anwendung der BIM-Planung über die gesamte Lebenszyklusphase des Bauwerks verspricht nicht nur eine effiziente Planung und Ausführung des Bauwerkes, sondern auch einen wirtschaftlichen Betrieb. In Zukunft wird die Einführung von innovativen Planungsmethoden unabdingbar werden, um die steigenden Anforderungen an das Bauwesen bewältigen zu können. Building Information Modeling unterstützt die datendurchgängige Umsetzung dieser Prozesse.

Anlagenverzeichnis

Anlage 1 - BIM Vereinbarungen 114

Anlage 2 - Mindestanforderungen an die Entwurfsphase.. 126

Anlagen

Anlage 1 - BIM Vereinbarungen[138]

BIM Vereinbarungen

Anlage ….. zum Vertrag,

über die Vereinbarungen zur Anwendung von Building Information Modeling.

Anmerkung: Diese Vertragsanlage hat wichtige rechtliche Konsequenzen. Die Hinzuziehung eines Anwaltes zur Detailabstimmung des Vertragsteils wird angeregt.

Diese Anlage ist Bestandteil des Hauptvertrages, im weiteren (Vertrag)

Datum: ………………………

zwischen:

………………………………………………………………

………………………………………………………………

(Auftraggeber)

und

………………………………………………………………

………………………………………………………………

(Auftragnehmer)

für folgendes Projekt:

………………………………………………………………

………………………………………………………………

(Projekt)

---

[138] aus (Liebich, Schweer, & Wernik, 2011) Anlage 3

1. Allgemeine Bestimmungen

1.1. Grundsätze

Diese Anlage definiert die einzuhaltenden Vorschriften im Prozess des Building Information Modeling, sowie den erwarteten Fertigstellungsgrad sowie die Befugnisse der Beteiligten bei der Bearbeitung von virtuellen Gebäudemodellen in dem obengenannten Projekt. In dieser Anlage werden dazu die einzelnen Verantwortlichkeiten der Projektbeteiligten bei der Entwicklung und Bearbeitung der einzelnen Modellelemente im Hinblick auf den erwarteten Fertigstellungsgrad für jede Leistungsphase definiert. Soweit eine Bestimmung in dieser Anlage einer Regelung im bezogenen Vertrag widerspricht, so hat die Bestimmung in dieser Anlage Vorrang.

1.2. Begriffe

1.2.1. Building Information Modeling

"Building Information Modeling" beschreibt den Prozess und die Technologien, die angewendet werden, um ein virtuelles Gebäudemodel entstehen zu lassen, es zwischen den Vertragsbeteiligten zu übergeben und zu koordinieren.

1.2.2. Virtuelles Gebäudemodell

Ein virtuelles Gebäudemodell ist ein digitales Abbild der physischen und funktionalen Eigenschaften des realen Projektes im Sinne eines meist dreidimensionalen Computermodells, welches die geometrischen und beschreibenden Eigenschaften der Modellelemente vereinigt. Es wird in dieser Anlage als 'Modell' bezeichnet. Der Begriff kann dazu benutzt werden, um ein Modellelement, ein einzelnes Teilmodell oder ein Gesamtmodel, bestehend aus mehreren zusammengeführten Teilmodellen zu beschreiben.

1.2.2.1. Modellelement

Ein Modellelement ist ein Element oder Elementgruppe innerhalb des Modells, welches eine physikalische (z.B. Wand), funktionale (z.B. Raum), oder ideelle (z.B. Lasteintrag) Planungskomponente repräsentiert, oder eine daraus gebildete Zusammenfassung (System, Gruppierung).

1.2.2.2. Teilmodell

Ein Teilmodell ist ein planungsdisziplinspezifisches (z.B. Architektur), oder verarbeitungsspezifisches (z.B. Kosten) Modell, welches primär Modellelemente einer Planungssicht, oder für einen Zweck enthält.

1.2.2.3. Gesamtmodell

Das Gesamtmodell ist Ergebnis der Zusammenführung aller oder einzelner Teilmodelle zur gemeinsamen Betrachtung und Auswertung.

1.2.3. Fertigstellungsgrad (FG)

Der Fertigstellungsgrad beschreibt den Detaillierungsgrad, bis zu dem ein Modell zu einem bestimmten Zeitpunkt oder einer Leistungsphase entwickelt sein muss.

1.2.4. Modellelementautor (Autor)

Der Autor ist der Projektbeteiligte, der für die Entwicklung und die Inhalte eines Modellelements, oder eines Teilmodells, gemäß den Anforderungen aus Abschnitt 4 verantwortlich ist.

1.2.5. Modellnutzer (Nutzer)

Der Modellnutzer ist jede beteiligte Person oder Organisation, die berechtigt ist, das Modell innerhalb der Projektarbeit zu benutzen, z.B. für Auswertungen, Berechnungen, oder Planung von Abläufen.

2. Verfahrensregeln

2.1. Koordination und Konflikte

Soweit Konflikte im Modell auftauchen, hat der Beteiligte, der den Konflikt entdeckt, unverzüglich den oder die Autor(en) der konfliktbehafteten Modellelemente über den Konflikt zu informieren. Die Autoren konfliktbehafteter Modellelemente haben danach unverzüglich den Konflikt zu beheben. Diese Regelung gilt unabhängig von der Phase des Projektes oder des geforderten Fertigstellungsgrad.

2.2. Eigentumsrecht am Modell, Nutzungsrechte

Mit seinen Beiträgen zum Modell überträgt der Modellelementautor keinerlei Eigentumsrechte, weder an den Inhalten dieser bereitgestellten Beiträge noch an der Software, die zur Erstellung der Beiträge entwickelt bzw. benutzt wurde. Jeder Autor überträgt alle für die weitere Bearbeitung des Modells durch andere Autoren erforderlichen Nutzungsrechte an diese und an den Bauherrn. Das Modell darf nicht (auch nicht teilweise) zu einem anderen Zweck benutzt werden.

2.3. Modellanforderungen

2.3.1. Modellstandards (Normen)

Das Modell soll (soweit zutreffend) im Einklang mit folgenden Normen oder Konventionen erstellt werden:

....

2.3.2. Dateiformate.

Das Modell soll in folgenden Dateiformaten übergeben werden, soweit diese für die Nutzung des Modells geeignet sind:

Nutzungszweck des Modells	erforderliches Datenformat (neutrales BIM Format "ifc", oder proprietäre Formate)
....	....
....	....

2.4. Modellmanagement (BIM-Management)

2.4.1. Die besonderen Anforderungen an das Management des Modells (BIM-Management-Aufgaben) sind in Ziff. 2.4.3 und 2.4.4 beschrieben; die Aufzählung ist nicht abschließend. Von Beginn des Projektes an ist

Verantwortlicher für BIM Management	Organisation (z.B. Architekturbüro, ...)
....	....

für das Management des Modells, insbesondere den Aufbau, die Pflege und die Verwaltung des Modells verantwortlich (BIM-Manager).

2.4.2. *(Gegebenenfalls:)* Abweichend von Ziff. 2.4.1 werden die folgenden genannten anderen Beteiligte zu verantwortlichen BIM-Managern in den nachfolgend bestimmten Phasen:

Zuständiger Beteiligter	Projektphase
....	....
....	....

2.4.3. BIM-Management-Aufgaben: grundlegende Verantwortlichkeiten

Die grundlegenden BIM-Management-Aufgaben umfassen insbesondere die Organisation der Planungsbeiträge im Modell in folgender Hinsicht:

1. Modellursprung, Koordinatensystem, und Basiseinheiten
2. Organisation der Datenablage
3. Prozessstandards für die Übertragung von und den Zugriff auf Modelldaten
4. Kollisionsprüfung
5. Zugriffsrechte
6. Sonstige Richtlinien:
   ....

2.4.4. BIM-Management-Aufgaben: Laufende Zuständigkeiten

Die laufenden BIM-Management-Aufgaben umfassen insbesondere:

1. Einholen und Zusammenstellen der eingehenden Teilmodelle und Modellelemente:
   a. Koordinieren der Lieferung und des Austausches der Teilmodelle und Modellelemente
   b. Protokollierung eingehender Teilmodelle und Modellelemente
   c. Prüfen und Bestätigen der eingehenden Daten auf Vollständigkeit und Brauchbarkeit.
   d. Pflege und Vorhalten der Belege über den Dateneingang
2. Zusammenstellen (Verknüpfen) der Teilmodelle und Modellelemente sowie zur Verfügung stellen des Gesamtmodells (oder Kombinationen der Teilmodelle) für den Zugriff von anderen Beteiligten
3. Durchführen von Kollisionsprüfungen in Übereinstimmung mit den anzuwendenden Richtlinien sowie Ausstellen von regelmäßigen Kollisionsprüfungsberichten
4. Aufbau und Pflege von Archivierungen und Datensicherungen des Gesamtmodells und der Teilmodelle
5. Verwaltung von Zugangs- und Zugriffsrechten
6. Einhaltung und Überwachung der in Ziffer 2.4 etablierten Richtlinien

2.4.5. Modell-Archivierung.

Der zuständige BIM-Manager hat zum Ende jeder Projektphase das Modell (die Modelle) zu archivieren und dabei das Modell (die Modelle) als Beleg dauerhaft aufzubewahren. Diese Archivierungen dürfen nicht geändert werden und sind in der Originalfassung zu sichern.

2.4.5.1. Das archivierte Modell besteht aus zwei Datenbeständen. Der erste Datenbestand besteht aus den individuellen Teilmodellen (oder Modellelementen), wie sie von den beteiligten Autoren zur Verfügung gestellt wurden. Der zweite Datenbestand enthält die zusammengeführten Gesamtmodelle im unter Ziff. 2.3.2 vereinbarten Format zur Archivierung und Ansicht.

2.4.5.2. Zusätzliche Anforderungen an die Modellarchive, soweit erforderlich:

....

2.4.5.3. Das Verfahren zur Speicherung und dauerhaften Aufbewahrung der Modelldaten nach Fertigstellung des Projektes ist wie folgt festgelegt:

....

2.4.6. Weitere Anforderungen an das BIM Management, soweit erforderlich:

....

3. Fertigstellungsgrade

Zugeordnet zu Leistungsphasen

3.1. Grundsätze

Die folgenden Beschreibungen Fertigstellungsgrade bezeichnen die spezifischen Anforderungen an die Inhalte der einzelnen Modellelemente sowie die Berechtigung zu ihrer Nutzung in fünf stufenweisen jeweils detaillierteren Graden der Durcharbeitung (Leistungsphasen). Jeder folgende Fertigstellungsgrad (FG) baut auf dem vorhergehenden auf und enthält daher alle Eigenschaften des vorangegangenen Standes. Die Beteiligten haben bei der Vervollständigung der Tabelle nach 4.3 die fünf Fertigstellungsgrade schrittweise zu erreichen. Die Tabelle definiert die Anforderungen an die einzelnen Modellelemente in den einzelnen Projektphasen.

3.2. FG 100

(HOAI, LPH 1-2)

3.2.1. Modellinhalte, Anforderungen

Der (oder die) Baukörper ist in seiner gesamten Geometrie 3-dimensional zu modellieren und mit zusätzlichen Daten zu beschreiben (z. B. Flächen, Höhen, Rauminhalte, Lage, Ortsbezug) bzw. ist durch weitere Daten darzustellen.

3.2.2. Zugelassene Verwendung der Daten

3.2.2.1. Auswertungen (Analysen)

Das Modell darf ausgewertet werden, zum Zweck der Ermittlung von Flächen, Volumen, und Ortsbezügen unter Verwendung der vorläufigen allgemeinen Eigenschaften, welche den maßgeblichen Modellelementen zugewiesen wurden.

3.2.2.2. Kostenermittlungen

Das Modell darf verwendet werden, um Kostenermittlungen aufzubauen, die auf den zu diesem Zeitpunkt verfügbaren Flächen, Rauminhalten oder ähnlichen konzeptorientierten Kostenermittlungsmethoden aufbauen (z.B. Flächen je Geschoss, Wohneinheiten, Bettenanzahl im Krankenhaus, etc.).

3.2.2.3. Terminpläne

Das Modell darf verwendet werden, um Abschätzungen über erste Projektabläufe und die Gesamtdauer vorzunehmen.

3.2.2.4. Weitere zugelassene Verwendungen

Zusätzliche zugelassene Verwendungen des Modells welches in FG 100 entwickelt wurde, sind:

....

3.3. FG 200

(HOAI, LPH 3-4)

3.3.1. Modellinhalte, Anforderungen

Die Modellelemente werden als allgemeingültige Systeme oder Elementgruppen modelliert, mit annähernden Mengen, Abmessungen, Formen, Lage und Ortsbezug. Die Modellelemente können ebenfalls weitere nicht geometrische Informationen über Eigenschaften der Elemente enthalten, soweit unter 2.3.1 vereinbart.

3.3.2. Zugelassene Verwendung der Daten

3.3.2.1. Auswertungen

Das Modell darf zur Auswertung der Eigenschaften von ausgewählten Elementgruppen herangezogen werden, unter Anwendung der der allgemeingültigen Eigenschaften und Qualitäten die den maßgeblichen Modellelementen zugewiesen wurden.

3.3.2.2. Kostenermittlungen

Das Modell darf verwendet werden, um Kostenermittlungen aufzubauen, die auf den zu diesem Zeitpunkt verfügbaren Flächen, Rauminhalten oder ähnlichen entwurfsorientierten Kostenermittlungsmethoden aufbauen (z.B. Flächen, Rauminhalte und Eigenschaften der Modellelemente oder Typologien von ausgewählten Elementgruppen (Systemen)).

3.3.2.3. Terminpläne

Das Modell darf verwendet werden, um geraffte Terminabläufe von wesentlichen Elementen und Elementgruppen (Systemen) darzustellen.

3.3.2.4. Weitere zugelassene Verwendungen

Zusätzliche zugelassene Verwendungen des Modells welches in FG 200 entwickelt wurde, sind:

……………..

3.4. FG 300

(HOAI, LPH 5)

3.4.1. Modellinhalte, Anforderungen

Die Modellelemente werden präzise und spezifisch als Elemente / Elementgruppen modelliert, mit präzisen Angaben über Abmessungen, Formen, Lage und Ortsbezug sowie Menge. Die Modellelemente können weitere nicht geometrische Informationen über Eigenschaften der Elemente enthalten, soweit unter 2.3.1 vereinbart.

3.4.2. Zugelassene Verwendung der Daten

3.4.2.1. Baudurchführung

Das Modell muss geeignet sein, um hieraus übliche Ausführungsunterlagen und Werkstattzeichnung (Montagezeichnungen) erstellen zu können.

3.4.2.2. Auswertungen

Das Modell darf zur Auswertung der Eigenschaften von ausgewählten Elementgruppen herangezogen werden, unter Anwendung der der allgemeingültigen Eigenschaften und Qualitäten die den maßgeblichen Modellelementen zugewiesen wurden.

3.4.2.3. Kostenermittlungen

Das Modell darf verwendet werden, um Kostenermittlungen aufzubauen, die auf den verfügbaren spezifischen Daten und ausführungsorientierten Kostenermittlungsmethoden aufbauen.

3.4.2.4. Terminpläne

Das Modell darf verwendet werden, um aufeinanderfolgende (geordnete), geraffte Terminabläufe von Elementen und Elementgruppen (Systemen) in Einzelheiten darzustellen.

3.4.2.5. Weitere zugelassene Verwendungen

Zusätzliche zugelassene Verwendungen des Modells welches in FG 300 entwickelt wurde, sind:

……………..

3.5. FG 400

(HOAI, LPH 6-8)

3.5.1. Modellinhalte, Anforderungen

Die Modellelemente werden präzise und spezifisch als Elemente / Elementgruppen modelliert, mit präzisen Mengen, Abmessungen, Formen, Lage und Ortsbezug sowie Fertigungs-, Einbau- und Detail-Informationen. Die Modellelemente können ebenfalls weitere nicht geometrische Informationen über Eigenschaften der Elemente enthalten, soweit unter 2.3.1 vereinbart.

3.5.2. Zugelassene Verwendung der Daten

3.5.2.1. Baudurchführung

Die Modellelemente stellen virtuelle Abbilder der zur Ausführung vorgesehenen Elemente dar und sind geeignet danach auszuführen.

3.5.2.2. Auswertungen

Das Modell darf zur Auswertung der Eigenschaften von ausgewählten Elementgruppen herangezogen werden, unter Anwendung der der spezifischen Eigenschaften der Modellelemente.

3.5.2.3. Kostenermittlungen

Die aus dem Modell resultierenden Kostenermittlungen bauen auf den spezifischen Modellelementen zum Zeitpunkt der Vergabe auf.

3.5.2.4. Terminpläne

Das Modell darf verwendet werden, um aufeinanderfolgende (geordnete), geraffte Terminabläufe von spezifischen Elementen und Elementgruppen (Systemen) darzustellen, incl. Bauweise und -abläufe.

3.5.2.5. Weitere zugelassene Verwendungen

Zusätzliche zugelassene Verwendungen des Modells welches in FG 400 entwickelt wurde, sind:

……………..

3.6. FG 500

(HOAI, LPH 9, Projektübergabe an Betreiber)

3.6.1. Modellinhalte, Anforderungen

Die Modellelemente sind in der realisierten Fassung modelliert, mit tatsächlichen und präzisen Abmessungen, Formen, Lage und Ortsbezügen. Die Modellelemente können ebenfalls weitere nicht geometrische Informationen über Eigenschaften der Elemente enthalten, soweit unter 2.3.1 vereinbart.

3.6.2. Zugelassene Verwendung der Daten

3.6.2.1. Grundsätzliche Verwendung

Das Modell (die Modelle) dürfen verwendet werden zum Zweck des Bauunterhalts, Umbauten und Erweiterungen des Objektes, jedoch nur soweit die Rechte hierzu nach diesem Dokument oder einem gesonderten Dokument übertragen wurden.

3.6.2.2. Weitere zugelassene Verwendungen

Zusätzliche zugelassene Verwendungen des Modells welches in FG 500 entwickelt wurde, sind:

……………..

4. Modellelemente

4.1. Verwendung der Modellelemente

4.1.1. Die Tabelle der Modellelemente in 4.3 legt fest:

1. Den FG der für jedes Element zum Abschluss jeder Projektphase.

2. Den für die Erstellung des Modellelements zuständigen Autor bezogen auf den jeweiligen FG. Jeder Beitrag eines Autors ist dazu bestimmt, gemeinsam auch durch die weiteren Autoren und die Modellnutzer für die Dauer des Projektes verwendet zu werden.

4.1.2. Soweit die Inhalte (die Detaillierung) eines Modellelements Daten umfassen, welche die Anforderungen des betreffenden FG nach 4.3 für eine bestimmte Phase übersteigen, dürfen die Modellnutzer und die weiteren Autoren lediglich auf die Genauigkeit und Vollständigkeit der Elemente im Sinne des jeweils geforderten FG gem. 4.3 vertrauen.

4.1.3. Jedwede Verwendung eines Modellelements, oder jedwedes Vertrauen auf ein Modellelement, welches nicht dem FG nach 4.3 entspricht oder inkonsistent ist, durch einen weiteren Modellelementautoren oder einen Modellnutzer, geschicht allein auf dessen Risiko und ohne Gewährleistung des betreffenden Autors. Die weiteren Autoren und die Modellnutzer werden den Modellelementautor, in vollem gesetzlich zur Verfügung stehenden Umfang vor Ansprüchen Dritter schützen und schadlos halten, soweit diese aus nicht zugelassener Nutzung oder Modifikation der Beiträge des Autors resultieren.

4.2. Hinweise zur Tabelle

4.2.1. Die Tabelle in 4.3 zeigt den FG an, den jeder Modellelementautor (MEA) für die von ihm erstellten Modellelemente zum Abschluss der Projektphase zu erfüllen hat.

4.2.2. Folgende Abkürzungen für die MEA werden in der Modellelementtabelle verwendet:

BAUH1	Bauherr
ARCH1	LWW
ARCH2	FF
FASS1	Fassaden
FREI1	Freianlagen
BAUL1	Bauleitung
TRAG1	Tragwerk
BAUG1	Baugrund
TGA01	TGA
TGA02	ELT
TGA03	AUF
TGA04	Lichtplanung
BSCH1	Brandschutz
BPHY1	Wärmeschutz
AKUS1	Akustik
MESS1	Vermessung
BAU01	Bauunternehmen1
BAU02	Bauunternehmen2
BAU03	Bauunternehmen3
FM001	Betreiber01
FM002	Betreiber02
FM003	Betreiber03

4.3. Modellelementtabelle Beispiel

Zuordnungstabelle Modellelemente
Anhang zu 4.3. Modellelementtabelle

Modellelemente nach Systematik der DIN 276	FG 100	FG 200	FG 300	FG 400	FG 500	Anmerkung
	MEA	MEA	MEA	MEA	MEA	
300 Bauwerk - Baukonstruktionen						
310 Baugrube						
311 Baugrubenherstellung						
312 Baugrubenumschließung						
313 Wasserhaltung						
319 Baugrube, sonstiges						
320 Gründung						
321 Baugrundverbesserung						
322 Flachgründungen						
323 Tiefgründungen						
324 Unterböden und Bodenplatten						
325 Bodenbeläge						
326 Bauwerksabdichtungen						
327 Dränagen						
329 Gründung, sonstiges						
330 Außenwände						
331 Tragende Außenwände						
332 Nichttragende Außenwände						
333 Außenstützen						
334 Außentüren und -fenster						
335 Außenwandbekleidungen außen						
336 Außenwandbekleidungen innen						
337 Elementierte Außenwände						
338 Sonnenschutz						
339 Außenwände, sonstiges						
340 Innenwände						
341 Tragende Innenwände						
342 Nichttragende Innenwände						
343 Innenstützen						
344 Innentüren und -fenster						
345 Innenwandbekleidungen						
346 Elementierte Innenwände						
349 Innenwände, sonstiges						
350 Decken						
351 Deckenkonstruktionen						
352 Deckenbeläge						
353 Deckenbekleidungen						
359 Decken, sonstiges						

Anlage 2 - Mindestanforderungen an die Entwurfsphase[139]

Allgemeine Vorgaben für das Architekturmodell

G	O	E	Struktur	Objekte	Beschreibung
√			Gebäude-struktur		Festlegung des hierarchischen Aufbaus des Gebäudeobjekts
	√			Grundstück	Anlegen einer Struktur für Informationen des Grundstücks - digitales Geländemodell - Grundstücksgrenze - Lage (geographische Länge, Breite, Höhe über NN)
√				Gebäude	Anlegen einer Struktur für Informationen des Gebäudes - Name des Gebäudes (häufig wird ein Gebäude im Hintergrund angelegt)
√				Geschosse	Anlegen einer Struktur für die Geschosse im Gebäude - Name des Geschosses - Geschosshöhe
√				Räume	Anlegen der Räume in den Geschossen - mehrgeschossige Räume werden im Geschoss des Fußbodens angelegt - weitere Angaben -> siehe Raumtabelle
√			Bauelemente		Planung des Rohbaus und der wesentlichen Ausbauobjekte mittels der Bau-, bzw. Architekturelemente in den jeweiligen CAD Systemen
√			- Rohbau	Wände, Decken, Stützen, Balken, Dächer weitere	Verwenden der Bauelemente in der Planung - weitere Angaben -> siehe Bauelementetabellen
√			- wesentlicher Ausbau	Türen, Fenster	Verwenden der Ausbauelemente in der Planung - weitere Angaben -> siehe Bauelementetabellen
	√		- zusätzlicher Ausbau	Möblierung, weitere	Verwenden der Bauelemente in der Planung - bei Bedarf oder Vereinbarung

G – gefordert, O – optional, E – eventuell (bei gesonderter Vereinbarung im Projekt)

Vorgaben Architekturmodell für Wände in der Entwurfsphase

G	O	E	Eigenschaft	Beschreibung
Allgemeine Vorgaben				
√			Wandaufbau	Festlegung der Wandschichten, Orientierung Schichtaufbau, Lage zur Wandbasislinie
			- je Wandschicht	
√			- Schichtdicke	Dicke der Wandschicht, Luftschichten werden wie eine

---

[139] aus (Liebich & Hoffeller, Anwenderhandbuch Datenaustausch BIM/IFC, 2008) Seite 21-26

G	O	E	Eigenschaft	Beschreibung
				Wandschicht behandelt
√			- Schichtmaterial	Name des Materials für die Wandschicht
√			Wanddicke	Gesamtdicke der Wand (kann durch das System aus den Schichtdicken errechnet werden, wird daher häufig nicht extra übergeben)
Vorgaben für Übergabe Haustechnik				
		√	Wandaufbau - je Wandschicht - λ Wert der Einzelschicht	Festlegung der Wandschichten λ Wert der Einzelschicht
	√		Aussen/Innenwand	Klassifizierung der Wand als Innenwand oder Aussenwand
	√		u-Wert der Wand	Das Eingabefeld ist für den kompletten U-Wert bestimmt, Der U-Wert beinhaltet die Wärmeübergangswerte Rsi (Wärmeübergang innen) und Rse (Wärmeübergang außen) sowie die Summe der Wärmedurchgänge aller Schichten.
		√	Absorbtionskoeffizient_Wärme_innen	
		√	Absorbtionskoeffizient_Wärme_außen	
	√		Erdreich	Klassifizierung der Wand als an Erdreich grenzend, oder nicht
Vorgaben für Übergabe Tragwerk				
		√	Wandaufbau - je Wandschicht - Einzelschicht tragend?	Festlegung der Wandschichten Klassifizierung der Wandschicht als tragend oder nichttragend bei mehrschaligen Wänden
	√		Tragende/nichttragende Wand	Klassifizierung der Wand als tragend oder nichttragend

G – gefordert, O – optional, E – eventuell (bei gesonderter Vereinbarung im Projekt)

Vorgaben Architekturmodell für *Decken/Fußboden* in der Entwurfsphase

G	O	E	Eigenschaft	Beschreibung
Allgemeine Vorgaben				
√			Deckenaufbau	Festlegung der Deckenschichten, Orientierung Schichtaufbau, Lage zur Deckenbasisebene
			- je Deckenschicht	
√			- Schichtdicke	Dicke der Deckenschicht, Luftschichten werden wie eine Deckenschicht behandelt
√			- Schichtmaterial	Name des Materials für die Deckenschicht
√			Gesamtdicke	Gesamtdicke der Decke (kann durch das System aus den Schichtdicken errechnet werden, wird daher häufig nicht extra übergeben)

Seite 22 von 42
Dokumentenversion : 2.0

G	O	E	Eigenschaft	Beschreibung
Vorgaben für Übergabe Haustechnik				

		√	Deckenaufbau
			- je Deckenschicht
			  - λ Wert der Einzelschicht
				Festlegung der Deckenschichten
				  λ Wert der Einzelschicht

	√		Aussen/Innendecke	Klassifizierung der Decke als Innendecke oder Aussendecke
	√		u-Wert der Decke	Das Eingabefeld ist für den kompletten U-Wert bestimmt, Der U-Wert beinhaltet die Wärmeübergangswerte Rsi (Wärmeübergang innen) und Rse (Wärmeübergang außen) sowie die Summe der Wärmedurchgänge aller Schichten.
	√		Absorbtionskoeffizient_Wärme_innen	
	√		Absorbtionskoeffizient_Wärme_außen	
√			Erdreich	Klassifizierung der Decke als an Erdreich grenzend, oder nicht
Vorgaben für Übergabe Tragwerk				

		√	Deckenaufbau
			- je Deckenschicht
			  - Einzelschicht tragend?
				Festlegung der Deckenschichten
				  Klassifizierung der Deckenschicht als tragend oder nichttragend bei mehrschaligen Decken

√			Tragende/nichttragende Decke	Klassifizierung der Decke als tragend oder nichttragend

G – gefordert, O – optional, E – eventuell (bei gesonderter Vereinbarung im Projekt)

Vorgaben Architekturmodell für Stützen/Unterzüge in der Entwurfsphase

G	O	E	Eigenschaft	Beschreibung
Allgemeine Vorgaben				
√			Stützenprofil - Rechteck - Kreis - Stahlprofil (T, L, Z, etc.) - beliebig	Angabe über den Querschnitt oder das Profil der Stütze - Breite, Tiefe - Durchmesser - Abmessungen je nach Profiltyp
√			Material	(Haupt-)Material der Stütze
Vorgaben für Übergabe Tragwerk				
	√		Tragende/nichttragende Stütze	Klassifizierung der Stütze als tragend oder nichttragend

G – gefordert, O – optional, E – eventuell (bei gesonderter Vereinbarung im Projekt)

Vorgaben Architekturmodell für Dach in der Entwurfsphase

G	O	E	Eigenschaft	Beschreibung
Allgemeine Vorgaben				

G	O	E	Eigenschaft	Beschreibung
√			Dachaufbau	Festlegung der Deckenschichten, Orientierung Schichtaufbau, Lage zur Deckenbasisebene
			- je Dachdeckenschicht	
√			- Schichtdicke	Dicke der Dachdeckenschicht, Luftschichten werden wie eine Deckenschicht behandelt
√			- Schichtmaterial	Name des Materials für die Deckenschicht
√			Gesamtdicke	Gesamtdicke der Dachdecke (kann durch das System aus den Schichtdicken errechnet werden, wird daher häufig nicht extra übergeben)
Vorgaben für Übergabe Haustechnik				
		√	Dachdeckenaufbau - je Deckenschicht - λ Wert der Einzelschicht	Festlegung der Deckenschichten λ Wert der Einzelschicht
	√		u-Wert des Dachs	Das Eingabefeld ist für den kompletten U-Wert bestimmt, Der U-Wert beinhaltet die Wärmeübergangswerte Rsi (Wärmeübergang innen) und Rse (Wärmeübergang außen) sowie die Summe der Wärmedurchgänge aller Schichten.
		√	Absorbtionskoeffizient_Wärme_innen	
		√	Absorbtionskoeffizient_Wärme_außen	

G – gefordert, O – optional, E – eventuell (bei gesonderter Vereinbarung im Projekt)

Vorgaben Architekturmodell für <u>Fenster</u> in der Entwurfsphase

G	O	E	Eigenschaft	Beschreibung
Allgemeine Vorgaben				
√			Öffnungsart pro Fensterflügel	Beschreibung, ob Dreh-, Klippflügel, Festverglasung, etc.
Vorgaben für Übergabe Haustechnik				
	√		Innen/Aussenfenster	Klassifizierung des Fensters als Innen- oder Aussenfenster
		√	Glasart	Beschreibung der gewünschten Glasart, wie Isolierglas, einbruchhämmend, etc.
		√	Glasanteil	Prozentsatz des Glasanteils für das Fenster
	√		u-Wert	Wärmedurchgangskoeffizient
	√		Verschattung	Prozentsatz der Verschattung des Fensters

G – gefordert, O – optional, E – eventuell (bei gesonderter Vereinbarung im Projekt)

Vorgaben Architekturmodell für <u>Türen</u> in der Entwurfsphase

G	O	E	Eigenschaft	Beschreibung
Allgemeine Vorgaben				

G	O	E	Eigenschaft	Beschreibung
√			Öffnungsart (Flügel)	Beschreibung, ob Flügel-, Schiebe, Falttür, etc.
√			Anschlagsseite	Links- oder rechtsaufschlagende Tür
Vorgaben für Übergabe Haustechnik				
	√		Innen/Außentür	Klassifizierung der Tür als Innen- oder Aussentür
		√	Glasart	Beschreibung der gewünschten Glasart, wie Isolierglas, einbruchhämmend, etc.
		√	Glasanteil	Prozentsatz des Glasanteils für die Tür
√			u-Wert	Wärmedurchgangskoeffizient
	√		Verschattung	Prozentsatz der Verschattung die Tür

G – gefordert, O – optional, E – eventuell (bei gesonderter Vereinbarung im Projekt)

Vorgaben Architekturmodell für _Räume_ in der Entwurfsphase

G	O	E	Eigenschaft	Beschreibung
Allgemeine Vorgaben				
√			Raumnummer	Eindeutige Raumnummer im Projekt
√			Raumname	Kurzbezeichnung des Raums
	√		Raumtyp nach DIN277	Klassifizierung nach DIN277
	√		Lichte Raumhöhe	Ab OK FFB bis UK Fertigdecke
	√		Brandabschnitte	Zuordnung zu den Brandabschnitten
Vorgaben für Übergabe Haustechnik				
	√		Temperatur	Mindesttemperatur
		√	Raumzone	Zuordnung nach DIN18599
Vorgaben für Übergabe Elektrtechnik				
	√		Aufgeständerter Fußboden	Höhe ab OK Rohfussboden bis OK FFB
		√	Reflexionsgrad_Licht_Decke	
		√	Reflexionsgrad_Licht_Boden	
		√	Reflexionsgrad_Licht_Wände	
Vorgaben für Übergabe baubegl. FM				
√			Raumfläche	Nettogesamtfläche des Raums
√			Raumvolumen	Nettorauminhalt
	√		Raumnutzung	Freie Raumbezeichnung (zum Beispiel für genauere Bezeichnung der geplanten Nutzung
	√		Bodenbelag	Bezeichnung des Bodenbelags, oder ...
		√	- je Bodenbelag	- wenn unterschiedliche Beläge geplant sind, pro Belag

G	O	E	Eigenschaft	Beschreibung
		√	- Teilbelag Bezeichnung	- Bezeichnung des teilweisen Bodenbelags
		√	- Teilbelag Fläche	- Fläche des teilweisen Bodenbelags
√			Deckenbelag	Bezeichnung des Deckenbelags, oder ...
			- je Deckenbelag	- wenn unterschiedliche Beläge geplant sind, pro Belag
		√	- Teilbelag Bezeichnung	- Bezeichnung des teilweisen Deckenbelags
		√	- Teilbelag Fläche	- Fläche des teilweisen Deckenbelags
	√		Wandbelag	Bezeichnung des Wandbelags, oder ...
			- je Wandbelag	- wenn unterschiedliche Beläge geplant sind, pro Belag
		√	- Teilbelag Bezeichnung	- Bezeichnung des teilweisen Wandbelags
		√	- Teilbelag Fläche	- Fläche des teilweisen Wandbelags

G – gefordert, O – optional, E – eventuell (bei gesonderter Vereinbarung im Projekt)